JN419434

눈이 가는 카피
손이 가는 브랜드

카피라이터 3년, 마케터 2년, 광고 같은 기록들

눈이 가는 카피

손이 가는 브랜드

김화국 지음

SIGONGSA

'덜 핀 꽃도 아름다울 수 있구나.'

인사동에서 노랑 프리지어를 충동 구매했다. '오늘 아침에 들어왔습니다'라는 푯말을 보고는 지나칠 수 없었다. 방금 꽃집에 입봉한 프리지어라 그런지 절반가량은 꽃봉오리 단계에 머물러 있었다. 노랑 꽃봉오리는 활짝 만개한 프리지어에 비해 부족해 보이지 않았다. '내일은 더 예쁘겠지'란 기대감을 품을 수 있었으니까.

유난히 노란 햇빛이 주위를 감싸던 날. 잔잔한 바람을 맞으며 프리지어와 걸었다. 작은 꽃봉오리 속에 품고 있었던 향기가 조금씩 내게로 다가왔다. 더군다나 보송한 햇살 향기까지. 은은히 풍기는 맑은 향이라 오래 맡아도 좋았다. 이 모든 아름다운 심상을 마주하게 된 건, 덜 핀 꽃 덕분이었다.

'덜 핀 인생도 아름다울 수 있구나.'

다니고 있던 광고 회사가 청산되었다. 막내 신입 사원으로 시작해 3년 동안 카피라이터로서 일을 했었다. 이제 좀 움켜 들었던 가슴을 펴나 싶었는데, 역시 세상은 내 마음대로 흘러가지 않았다. 곧바로 모기업 스낵마케팅팀으로 배정되었고 다시 막내급인 1년 차가 되었다.

어쩌면 중력은 회사란 곳에서 더 강력하게 작용하는 듯하다. 고개와 시선은 바닥을 향하게 되었고, 신입 카피라이터 때 느낀 현실의 답답함을 다시 마주하곤 했다. 다행히 첫 회사 생활이 아니다 보니, 2년 차인 지금은 조금 숨이 트였다. 내년이 되면 광고 회사에서 펼치고자 했던 가슴을 어느 정도는 펼 수 있지 않을까.

카피라이터에서 마케터가 되어 버린 혼란을 줄여 주기 위해, 옆에서 도와주신 많은 분이 있다. 지금의 팀장님을 포함해 모든 팀원부터 첫 직장 동료들, 광고쟁이가 되기 위해 함께 스터디 했던 동아리 친구들, 학생 때부터 지금까지 의미 없는 말을 주고받아도 의미 있는 친구들, 그리고 묵묵히 내 선택과 결정을 항상 존중해 주는 가족과 든든한 여자친구까지. 주변에 계신 모든 분께 감사한 마음을 전한다.

주말에 유튜브나 영화 볼 때 심심하면 과자를 먹듯, 회사 생활이나 일상이 심심할 때 이 책을 가볍게 읽어 주셨으면 좋겠다. 업에 대한 저자의 노하우나 인사이트가 있는 훌륭한 책은 이미 많다. 이 책은 카피라이팅과 마케팅의 노하우를 일장 연설하려는 목적으로 쓰지 않았다. 카피라이터로서 지내 본 썰, 하루아침에 마케터가 되어 본 썰을 푸는 브이로그처럼 생생한 에피소드와 생각을 나누고 싶었다. 이런 글을 좋게 봐 준 시공사 강현호 편집자에게도 감사 인사를 드린다.

마지막으로 '덜 핀 꽃'으로 살아가고 있는 분들에게 하고 싶은 말이 있다. 따스한 햇살과 마주쳤을 때 보송한 향기를 보여 준 노랑 프리지어처럼, 언젠간 '나만의 향기'를 펼칠 수 있는 내일을 기대하며 오늘을 살아갔으면 한다. 어떤 향기로 구성되었는지 지금은 모르겠지만, 우리는 모두 '나만의 향기'를 품고 있다.

은연중 마주치게 되는 향기의 존재를 외면하지 말고, 우연일 것이란 오해를 하지 말아야 한다. 내일이 더 기대되는 당신이기에, 어쩌다 따스한 햇살을 만나게 되면 모아 뒀던 당신만의 향기를 펼칠 수 있길 바란다.

+1_단어에서 시작된 문장들

마케터가 됐습니다. 갑자기

+1_어슬렁대다 주운 인사이트 한 조각

회사 생활 잘하고픈 나에게

+1_"회사 밖에선 뭐 하니?"

COPYWRITER
MARKETER

카피라이터였습니다

1

첫
사회생활의
시작,
막내

2021년 이후로 많은 게 변했다. '사회 초년생', '막내 카피라이터', '광고 회사 신입 사원'. 거창하게 말한다면 새로운 인생을 시작했다. 그만큼 온갖 막내란 막내는 내 호칭이 되기 시작한다. 2020년 마지막 달까지만 해도 어딜 가나 형이거나 늙은이(?)였는데…. '막내'라는 단어는 얇은 유리 같은 불안함을 투영한다. 막내. 무언가 어린 사람, 완전하지 않을 것 같은 사람, 얼렁뚱땅한 이미지가 잔상에 남지 않는가.

호기롭게 시작한 광고. 신선한 아이디어는 신선한 사람에게 나온다고 생각했다. 막 광고를 시작한 내가 가장 신선하지 않나. 10년 차 카피라이터가 사수이고, 20년 넘게 카피를 쓴 팀장님이 있지만, 자신감은 넘쳤다. 오죽하면 사수가 자신감을 좀 없애야 한다고 칭찬 금지까지 내렸을까. 떳떳한 고개와 어깨는 오래가지는 않았다. 자신감 넘치는 내 모습은 '막내'라는 단어와 부딪쳤다. 아직 어린 카피라이터. 완전하지 않은 크리(에이티브) 아이디어. 갑작스런 상황에 얼렁뚱땅한 모습.

아이데이션 회의 이후에는 다채로운 생각이 든다. '크리 안'이 많이 팔린 날은 생일이다. 붕 떠

있고, 누군가를 만나고 싶고, 목소리가 커진다. 다크서클도 열어지는 듯하다. 반대로 아이디어를 팔지 못한 날…. 우주복을 깜빡하고 우주를 간 듯 불안정한 심장박동, 터질 듯한 머리, 피도 거꾸로 솟는다. 물론 순화해서 말한 거다. 내 자신에 분할 때가 있다. 가끔 너무 깊어지는 듯하면 '막내'라는 단어가 오히려 위로가 되기도 한다.

"막내인데 괜찮아."

이 단어는 자기 합리화의 용도로 쓰이기도 한다.

이런저런 걱정이 가득한 시점, 일본 컵스타 라면 광고 카피가 떠올랐다.

"분하다. 분하다. 그렇게 느낀다는 건 더 잘할 수 있다는 자신이 있으니까."

화가 났었다는 게 오히려 다행이다. 구석에 숨어 있던 자신감이 죽지 않고 살아 있음을 알게 되었으니까. 우리는 모두 시작하는 사람이다. 지금까지 몰랐던 것들을 알아가는 시작이다. 시작은 불안정하지만 안정을 위해 나아가는 시발점이다. 불안정한 내 자신에 화를 내자. 안정적인 나를 찾을 수 있다는 자신감을 갖고.

2

광고인에게
필요한
두 가지

온전히 내 소유물이 아닌 노트북이 생긴 게 고작 2년 전이다. 그전까진 가벼움을 자랑하는 LG 그램을 매일 들고 다니며 학교를 가고 카페를 갔었지만 이젠 자주 손이 가지 않는 책장 위에 올려 두고 있다.

내가 잠시 빌린 노트북을 마주한 건 첫 출근 날이다. 내가 앉을 자리엔 이미 노트북이 세팅되어 있었는데 다크 그레이의 삼성 노트북이었고 LG 그램보다 두께감이 있었지만 그 묵직함이 좋았다. 첫 출근이라 긴장해서 그런지 지나치게 일찍 가서 팀엔 아무도 없었다. 괜스레 주위를 둘러보고 노트북을 열어 전원을 눌렀을 때가 생각난다. 차가운 1월이었고 곧게 굳은 정장의 불편함을 입은 채 노트북에 이것저것 설정을 하고 있던 모습이 기억난다. 모든 걸 저장해 놓고 있을 줄 알았던 노트북 속의 폴더에도 그 기억은 저장되어 있지 않지만, 키보드 위 전원 버튼이 그 기억을 상기시켜 줬다.

입사 후 티타임에서 대표님의 말씀.

"광고를 만들기 위해서는 딱 두 가지만 있으면 된다. 사람과 노트북."

심플해 보이지만 광고업 자체를 요약할 수 있을 만큼 거대한 단어들이다. '사람'은 쉽게 말해 그저 '일을 하는 사람이 필요하다'란 것도 있지만 내가 봤을 땐 인사이트를 가진 사람이라 이해했다. 우리 모두가 알고는 있었지만 누군가가 짚어 주기 전까진 인지하지 못했던 그 무엇. 최고의 전략은 인사이트란 걸 매번 회의하면서 느낀다. 카피의 기법이 출중하지 않아도, 크리 안에 키 비주얼이 없어도, 앞단에서의 인사이트가 잘 팔리기만 해도 그 아이디어는 팔렸다. 사람이 중요하다는 대표님의 말을 이제야 이해하게 되었다.

인사이트가 내재된 힘을 말하는 거라면 광고에 필요한 두 가지 중 하나였던 노트북은 보여지는 힘이다. 전사에겐 칼이 있고 궁사에겐 활이 있듯 광고인에게 노트북은 무기다. 인사이트를 찾는 것부터 광고를 만드는 것까지, 또 광고를 보는 것까지 모든 일에 관여할 수 있는 노트북은 우리가 출근할 때 처음으로 터치하고 퇴근할 때 마지막으로 어루만져 주는 소중한 존재다.

금요일의 지하철 막차를 타면 직장인들이 노트북을 얼마나 소중하게 생각하는지 보인다. 술에 취해 비에 젖은 신문지처럼 축 처져 자고 있는 직장인을 보면 핸드폰은 바닥에 떨어뜨린 지 오래지만 노트북 가방만은 꼭 붙잡고 있는 모습을 종종 본다. 노트북은 언제 어디서나 중요한 존재감을 지니고 있다.

동고동락하는 노트북엔 누군가의 모습이 들어가 있다. 누군가는 회사용 컴퓨터임에도 불구하고 겉에 이것저것 스티커를 붙인다. 김치를 싫어하고 콜라를 좋아하는 사람. 댄디한 옷을 즐겨 입는 그는 취향이 확실한 타 부서 팀장님이다. 누군가의 바탕화면을 보면 이래도 되나 싶을 정도로 텅 비어 있고 최근 진행 중인 일들에 대한 폴더가 일렬로 쫙 정리되어 있다. 매일 아침 자리를 청소하느라 여기저기 움직이고 공용 냉장고가 더러워지면 직접 청소를 하는 우리 팀의 팀장님이다.

누군가는 바탕화면 맨 왼쪽엔 자주 쓰는 기본 폴더를, 중간엔 진행 중인 업무들을, 오른쪽엔 사적인 폴더를 배치하기도 한다. 방에서도 물건의 위치가 늘 그대로 있는 걸 좋아하는 본인이다. 이 정도면 노트북의 첫인상은 곧 그 사람의 첫인상이라고도 볼 수 있을 테다. 언젠간 노트북으로 사람 성향을 분석해 주는 게 생기지도 않을까.

"노트북으로 본 당신의 성향은 ENTJ입니다."

3

만족의
이중성

만족은 이중성을 지닌 단어이지 않을까. 만족할 줄 아는 것만 해도 본인이 하는 일의 가치와 힘듦을 공감하는 거라고 생각한다. 아직 만족하지 못한다는 건 만족의 대상에 대한 기대감과 몰입감이 엄청나 이를 받아 줄 만한 성취감이 와닿지 않았다고 볼 수 있다. 누군가는 이를 욕심이라 부르기도 한다.

물론 욕심은 일을 하는 데 꼭 필요한 마음가짐이다. 결과물에 만족하는 순간 손을 놓아 버리는 게 익숙해지면 다음 결과물의 완성도는 이전의 만족감과 유사한 크기일 뿐이다. 지금의 만족에 만족하지 않는 욕심, 이런 욕심을 가진 사람이 되고 싶다.

지금은 이직했지만, 예전 사수가 조언해 준 게 있다. 본인 아이디어가 잘 팔렸다고 해도 만족하면 안 된다고. 다음 회의 땐 하나도 못 팔 수도 있고 자만에 빠지게 되면 어느새 고집이 된다고. 회사 초창기 시절이라 조그마한 아이디어가 채택되기만 해도 온 세상 사람들에게 자랑하고 싶었던 때였는데 시의적절한 조언이었다. 심지어 마르쿠스 아우렐리우스도 비슷한 맥락의 말을 했다.

"네가 선을 행했고, 다른 사람이 너의 그 선행으로 유익을 얻었다면, 그것으로 충분하다. 그런

데도 왜 너는 어리석은 자들처럼 사람들이 너의 선행을 인정해 주거나 어떤 보답을 해 주는 것 같은 다른 무엇을 바라는 것이냐."

만족감이 깊어져 자만감이 되면 끝없는 자랑을 하고 싶어진다. 본인 업적에 심취해 현실을 바라보지 못하는 지경까지 가게 되고 그걸 꼰대라고 부른다.

항상 다짐한다. 만족하는 건 그날 그 시간에만 즐기자고. 생각보다 쉽지는 않다. 여자친구와 저녁을 먹을 때 입이 근질거린다거나 다음 회의를 준비할 때 지니는 마음가짐을 보면 아직 사회적으로 어린 게 티가 난다. 그래도 메타인지는 하고 있으니까 계속 되새김질해야겠다.

방금 생각해 본 건데 하나의 루틴을 만들면 어떨까 싶다. 누군가에게 말하고 싶고 자랑하고 싶은 태도는 누군가에게 말하지 못했고 자랑하지 못했기 때문이다. 하루만큼은 충분히 말하고 자랑해 보자. 상대가 누구일지는 모르겠지만, 사회생활을 하고 있는 친한 고등학교 친구가 될 수도 있다. 술이나 저녁을 사 주면서 잘난 체 시원하게 해 보자. 적어도 친한 친구들이니까 자랑하는 말의 대답은 "어쩌라고"일 테다. 자랑을 부추기는 대답을 하는 착한 지인들에겐 자랑하지 말자.

그러고 나선 분석해 보자. 어떤 이유로 잘 팔릴 수 있었는지, 다른 팀원의 아이디어는 어땠는지, 어떻게 인사이트를 도출해 냈는지. 본인이 부족한 게 뭔지 분석하다 보면 끝도 없이 나올 테다.

완벽하지 않은 카피와 비주얼의 매치라던가. 팀원들과 디벨롭하는 과정에서 바뀐 카피를 보면서 왜 원래 안에 있던 카피가 살아남지 못했을까 생각해 보자. 광고주에게 보고하는 결과물은 사실 팀원의 결과물이니까 본인이 단초를 제공했다는 사실은 변하지 않겠지만 단초의 결과는 오로지 내가 탄생시킨 게 아니라는 건 명백하다.

이런 생각을 한다면 굳이 내가 자랑할 만한 건 없게 되는 듯하다. 단초를 제공했다 뿐. 단초를 제공하는 것도 사실 자랑할 만한 소재는 아닌 듯하다. 자랑을 본인 입으로 하는 것보다 더 멋있는 건 현장에 있던 사람들에게 전해 들을 때다. 우린 그 칭찬을 들을 땐 마음껏 만족해야 한다. 포만감 가득한 만족감을 유일하게 느껴도 되는 순간. 나에게도 이런 만족감을 느끼는 순간이 많아지길 바라 본다.

포장과
광고 사이

예능의 흔한 선물 교환식 장면은 이렇다. 시크한 태도와 호응을 바라는 뉘앙스가 담긴 표정으로 준비한 선물을 꺼내는 그녀. 카메라는 잠시 정지. 유명 명품 브랜드의 시그니처 컬러가 쨍하게 있는 쇼핑백. 온 세상의 주황색을 고급스럽게 만들어 버렸듯 저절로 생각이 든다.

'에르메스…?'

마치 급행 지하철이 무정차 지역을 지나가듯 스쳐 간다. 선물을 받은 당사자의 놀란 리액션. 그렇지만 뜯어 보면 명품과는 거리가 먼 물건이 나와 웃는 게스트들의 모습으로 화면이 전환되며 마무리.

이런 선물 교환식의 장면은 클리셰가 되었다. 하지만 공포 영화에 귀신이 나오면 매번 놀라는 것처럼 매번 유명 브랜드 쇼핑백이 나오면 반짝이는 놀라움이 생기는 건 어쩔 수 없나 보다.

선물 포장에 진심인 적이 없었다. '있어 빌리티'한 포장지를 고르는 게 어렵기도 했고 선물과 별개로 또 돈을 써야 하는 점이 투 머치라고 생각했다. 알맞은 비유는 아니겠지만, 다이소에서 이것저것 두세 가지 사고 비닐봉지까지 또 구매 안 하지 않나. 솔직히 사도 되는데…. 100원, 200원 지갑에 쟁여 놓았는데…. 환경도 보호할 겸이라는 세상 합리적인 포장으로 대신한다.

다이소뿐만 아니라 무인 아이스크림 가게 키오스크에 새로운 목록이 추가되어야 한다. '두 팔로 포장' 이름 아래 일회용 포장의 가격만큼 할인해 줘야 한다. 이러면 할인도 받고 환경도 보호하고 얼마나 좋을까. 꽤 괜찮을 거 같은데 환경부에 건의해 볼까나…?

포장에 다른 의미도 있다. 마무리 또는 수습. "그럴듯하게 포장되었다"란 말도 일할 때 꽤 자주 쓰는 말이다. 어떻게 보면 광고는 브랜드를 잘 포장해 놓은 거라 볼 수 있다. 때로는 누구보다 눈에 띄는 색과 디자인으로 브랜드의 첫인상을 뇌리에 박히게 한다거나, 때론 브랜드의 헤리티지를 돋보이게 하는 포장이다. 사람들로 하여금 저 속에 있는 게 무엇일까 호기심을 자아내게 하는 힘을 가지고 있다. 포장이 낼 수 있는 영향력이 누군가는 석 달까지라곤 한다. 선물의 본질이 결국 무엇인지 인지할 수 있는 유통기한이라고 봐도 무방하다. 결국 제품의 퀄리티나 브랜드로서 얻는 효능감이 중요하니까.

역시 소비자의 인지 영역에 꾸준히 잔존해 있으려면 제품과 브랜드 자체가 탄탄해야 한다. 광고는 최대한의 기지를 발휘해 포장 역할을 해 줘야 하지 않을까. 오늘도 열심히 포장하다 퇴근하련다.

카피는
'단단'익선

세상엔 수많은 책이 있다. 물론 카피 관련된 책도 마찬가지. '카피'란 단어로 저런 제목도 만들 수도 있구나란 생각이 들 만큼 꽤 다양한 책들이 존재한다. 내가 일하는 곳도 주변 곳곳에 카피 책들이 자리하고 있다.

가장 가까이에 있는 건 노트북 거치대 아래에 놓인 《카피 공부》란 책. 입사하기 전 카피 공부 좀 해야 하지 않을까란 걱정에 포털 사이트에다 말 그대로 '카피 공부'라 검색해 봤고 첫 번째로 나온 책이다. 아우렐리우스의 《명상록》처럼 구절로 이루어져 있어 랜덤으로 펼쳐서 읽는 맛도 있고, 카피라이터의 레전드라 불리는 데이비드 오길비의 친구 핼 스테빈스라는 카피라이터가 저자인 책.

곳곳에 말장난도 많은데 옮긴이가 친절히 그 부분만 원문을 적어 두어서 읽는 재미도 있다. 최근 다시 읽어 보고 있는데 그땐 후루룩후루룩 넘겼던 글들이 다시 보였다. 밑줄 긋고 접어 두고 필사하고 고민해 보게 되고. 왜 같은 책을 N차 반복해 읽는지 이해하게 된 순간이었다.

수십 권의 카피 책에서 공통적으로 말하는 한 문장은, "최대한 짧게 써라"다. 짧게 쓰면 더 쉬운 거 아니냐는 생각이 있을 수 있겠는데 결코 그렇지 않다. 내 능력을 보여 주고 싶은 그 욕심을 절제해야 할 뿐만 아니라 카피를 처음 접하는 사람들에게 명확한 내용 및 의도 전달이 되어야 하고, 동시에 그들이 지루해하지 않아야 한다. 또 클라이언트가 원하는 방대한 니즈를 담아내야 한다. 뜨거운 아이스 아메리카노를 주문받은 카페 직원의 심정처럼 난감해진다.

"망설여지면 빼라"는 말은 짧지만 강력하다. 수학 공식처럼 어려운 글이다. 이 카피를 빼면 팀원들이 의도를 알아차릴까? 무언가 비어 보이지 않을까란 걱정이 아직은 앞선다. 물론 그 망설였던 카피를 넣는다고 아이디어가 확 돋보이는 게 아닌 건 맞다. 누군가는 카피가 길다고 피드백 줄 수도 있고 오히려 내용을 오인지하는 경우도 늘어나니까. 요즘은 한 아이디어에 카피가 많은 거 같아 의도적으로 줄이려고 한다.

더 이상 손볼 곳 없는 카피를 쓰는 날을 앞당기자.

광고 제작 과정의 기시감

'괜히 가을을 수확의 계절이라 부르는 게 아냐.'

연말에 했던 수많은 다짐들. 꽤 현실적인 성향이기에 낭만이 있는 다짐은 1년 주기로 하진 않는다. 길게는 1년 내에 이루고 싶은 목표를 몇 가지 세워 두는데 그 와중에 비현실에 가까운 목표는 아홉 달에서 열 달이란 시간의 숙성을 거쳐 가을에 윤곽을 드러낸다. 그래, 이게 농부의 마음이지. 심은 대로 나온다고 보장할 수 없는 이 예측 불가함을 안고 지극정성 물을 주고 온도와 습도까지…, 또 영양제까지 챙겨 주는 이 마음을 매년 가을이 되면 흙 한 톨 손에 묻히지 않고 체감하게 된다.

지금까지 살아왔던 1년의 루틴을 구조적으로 보면 하나의 광고가 만들어지는 단계와 닮았다. 일생을 돌이켜 봤을 때 첫 시작은 이랬다. 길고도 짧은 1년을 어떻게 보낼까 나 자신에게 OT를 주듯 생각을 정리한다. 인생은 브랜딩 그 자체 아닌가. 앞으로의 What to do를 나열하고 우선순위를 생각해 꽤 현실적인 기준으로 How to do 단계로 진입한다. 실제론 How to pay의 단계라 할 수 있겠다.

인풋을 넣으려면 그만큼 자본이 있어야 함을

또 뼈저리게 느낀다. 요즘 너도나도 치는 테니스도 레슨비가 30분에 4만 원이니⋯. 'How to pay'에 골머리를 앓지만 〈D.P.〉의 명대사를 늘 읊어 대면서 계좌 이체를 한다.

"뭐라도⋯ 해야지⋯."

자체적인 OT의 기간이 마무리되면 아이데이션 타이밍이다. 다양한 시도를 말 그대로 도전해 본다. 보컬 트레이닝이라면 친구와 만나기 10분 전 코인노래방을 갔다 온다든지, 지하철 출퇴근길에 글을 써 본다든지. 누군가는 너무 과몰입하는 거 아니냐고 물어볼 정도로 몰입한다. 이 과몰입이 혼자만의 발버둥이 되지 않는 게 중요하다. 누군가는 이렇게 말했다고 한다.

"다이어트를 결심했거든, 주변에 널리 알려라."

만나는 사람마다 "살이 빠졌다~", "운동하는 거 맞냐?" 등 수많은 오지랖이 있어야 목적에 가까워진다고 했다. 이 방법이 잔혹하지만, 전적으로 동의한다. 내 목표를 주변에 널리 알리기로 했다. 아이데이션 회의 첫 번째에 오픈할 A안을 가족이나 연인에게 먼저 공개하는 것처럼 주변 지인의 리액션과 피드백을 겸허히 수용하는 시간을 거치기로 한다.

아이데이션의 결과물이 다른 사람들에게 공유되지 않고 내 폴더에만 둥둥 떠다니는 것만큼 슬픈 일은 없다. 좋은 아이디어는 누구나 좋다고 생각하더라. 마찬가지로 좋은 목표는 지극히 나에 포커스가 맞춰진 것이더라도 남에게 영감이 되고 새로운 시작을 촉진시킬 수 있는 힘이 있다. 이런 것들은 내부 순환하는 지하철처럼 제자리를 빙빙 돌지 않는다. 외부에 퍼진다. 주변 사람들에게 알게 모르게 퍼진다. 광고적 상황에선 우리의 크리에이티브가 클라이언트에게 소개되는 단계이다. "당신의 브랜드가 겪고 있는 문제에 대한 해답이 담긴 크리에이티브가 우리에겐 있어요"를 적극 어필하는 카피 및 아이디어. 서너 달 숙성된 우리의 고생들이 카피와 비주얼 그리고 논리가 되어 그들을 설득하는 하나의 장표로 표현된다.

이제 수십 개의 업체들과 협업해 아웃풋을 만들어 낸다. PPM(프리 프로덕션 미팅)북을 보면 여실히 느껴진다. 편집, DI(다이렉트 인젝션) 녹음, ART(아트) 세팅 등등. 같은 자리에 앉아 미팅하지는 않았지만 하나의 광고를 만들어 내기 위해 우린 같은 방향의 길을 걷게 된다.

협업이란 게 개인의 목표를 이루기 위해서라도 필요한 게 아닐까 싶다. 예를 들어 글을 쓴다면, 정기적으로 글을 쓸 수 있게 하는 일종의 강제성을 부여할 스터디의 존재라든지, 메모장에 고여 있지 않고 세상에 공유할 수 있는 플랫폼이라든지. 다양한 콜라보를 펼칠 수 있기에 우리의 취미나 목표는 고민의 흔적이나 낙서를 넘어 어쩌면 하나의 예술로까지 치환될 수 있는 기회가 언제든지 열려 있다고 본다.

PPM에서 클라이언트와 협의가 이뤄진 내용에 기반한 촬영을 마치고 실제 온에어까지 집행되었다. 짧게는 두 달부터 길게는 1년까지. 그동안의 땀과 한숨이 모여 탄생한 결과물이 세상에 공개될 때이다. 개인의 목표 또한 온에어 기간이 있다. 운동이라면 몇 주만

쉬면 공기 빠진 풍선처럼 0의 상태로 수렴하던 근육들이 몇 달을 거쳐 완성된 것이라면 프레임을 갖출 수 있게 된다. 거울 속에 마주한 프레임을 본 그 순간이 운동이란 결과물의 온에어가 아닐까. 글 또한 마찬가지. 좋아하는 작가의 문체를 필사하고 따라 쓰는 걸 몇 달 동안 유지한다면 어느 순간 내 글에서 그 작가의 향이 느껴지기도 한다. 흉내 낼 수 없지만 근접한 향.

우리가 수많은 광고를 보면서 영감을 얻고 레퍼런스 삼은 것과 비슷하게 우리가 지향하는 목표의 이상향을 닮은 결과물을 결국 자기 것으로 만들었을 때. 그 희열과 뿌듯함은 여럿 광고인에게 원동력이 되고 있다. 근접하다는 것도 사실 대단한 일이다.

지하
200미터까지
생각하기
전에

손흥민이 경기장에 들어설 때마다 반복하는 행동이 있다. 사이드라인을 오른발로 밟으며 점프, 다시 오른발로 착지, 잔발로 지그재그 달려가면서 마무리. 손흥민뿐만 아니라 세계적인 스포츠 선수들도 자체적으로 개발한 루틴을 갖고 있다. 누군가는 '꼭 저렇게까지 해야만 속이 시원할까'란 생각을 할지라도 선수들은 진지하다. 최고의 역량을 펼치고 싶은 마음의 시작이니까 경건할 수밖에.

역시나 루틴은 스포츠 선수만 갖고 있는 게 아니다. 전날 술을 마신 동기를 깨우는 건 레모네이드인 것처럼 사람들도 각자만의 루틴이 있다. 정상을 지키기 위한 선수들마냥 우리도 정상 컨디션을 지키기 위해 알게 모르게 힘쓰고 있다.

3년 차 카피라이터인 나에게도 마찬가지. 광고 업계 특성상 업무가 미친 듯이 파도칠 때가 있지만 그 순간들이 무색하게 여유로운 날이 밀려오기도 한다. 그땐 양양 서피비치에서 서핑 하듯 인터넷을 쏘다닌다. (향후 아이데이션에 도움을 준다는 명목으로) 유튜브나 넷플릭스를 보거나 노션을 열어 글을 쓴다.

그렇게 간간히 서핑을 한 지 3년 차가 되니까 매주 반복되는 일정이 생겼다. 내게도 루틴이 생긴 것. 월요일마다 하는 필사인데 유병욱 CD(크리에이티브 디렉터)의 카피 강의를 듣고 시작했다. 타이핑도 좋지만 손으로 직접 쓰는 걸 추천했고 책상에 방치되고 있었던 연필과 노트도 이제 할 일이 생겼다.

필사를 시작하기 전 뭉뚝한 연필심을 사각사각 뾰족하게 다듬는다. 이미 노션에 옮겨 놓은 필사할 문장들을 펼치고 노트에 옮겨 적는다. 타이핑 때와는 다르게 문장이 뾰족하게 들어온다. 15분 정도 끄적거림이 이어지면 꽉 쥔 오른손의 피로감이 급격히 몰려온다. 온전히 수긍하고 필사의 마침표를 짙게 누르며 생각한다.

'이번 주 필사는 여기까지.'

타협이 빠른 편이다.

회사 생활의 농도가 짙어질수록 루틴도 명확해진다. 카피라이터 대선배인 우리 회사 상무님을 보면 하루의 시작 루틴은 이렇다. 오전 7시와 7시 30분 사이에 도착. 테이블에 놓인 신문을 읽으신다. 출근한 직원들의 인사에는 "좋은 아침"이라 답하고 입가에 미소를 띠시기까지. 덕분에 우리도 좋은 아침을 마주하게 되고 각자의 하루의 루틴 또한 시작된다.

상무님께 인사를 마치고 컴퓨터를 켠다. 자연스레 크롬에 마우스가 가고 즐겨찾기가 되어 있는 리스트를 순서대로 누른다. 회사 포털을 켜고 듀얼 모니터엔 TVCF, 해외 광고 사이트, 유튜브까지. 그다음은 살짝 환기도 시킬 겸 선풍기를 틀어 놓고 화장실에서 손을 씻고 오는 게 내 하루아침의 모습이다. 다른 분들을 보면 향수나 립스틱의 정렬을 나란히 하기도 하고 룸 스프레이를 허공에 뿌리기도, 또는 달력을 열어 스케줄을 먼저 확인하는 등 다양한 루틴들이 공존하는 사무실의 아침이다.

지극히 사소한 행동들이라도 하나의 루틴이라 불릴 수 있다. 지키지 않는다고 큰일 나는 과정은 아니지만 굳이 안 할 이유가 없는 행동. 어쩌면 마음의 안정을 1퍼센트라도 채울 수 있는 나름의 방법일 수 있다.

심지어 딴짓하는 것도 하나의 루틴이 될 수 있다 믿는다. 아이데이션을 하다 보면 생각의 깊이가 지하 200미터로 갈 때가 있다. 땅을 파는 데에만 집중되어 아무리 위에서 돌아오라고 불러도 들리지 않는 경지, 곧 노다지가 나올 것 같아 막상 돌아가기 아쉬운 그 순간, 이런 리스크를 방지할 수 있는 훌륭한 노하우는 딴짓이 될 수도 있다.

유명 카피라이터들 강의에서도 그렇고 우리 팀 CD님도 마찬가지로 시간의 격차를 두고 본인의 카피를 다시 보라고 했다. (오직 나만의 기준으로) 기깔난 카피 한 줄이 생각났을 때! 한 줄을 일필휘지로 쓰고 자리에 일어나 화장실을 간다. 힘차게 카피를 썼다란 기운만 간직한 채 손을 씻거나 기지개를 켠다. 다시 자리에 돌아와 심사를 기다리고 있는 카피를 읽어 보고 다음 카피 한 줄을 쌓는다. 골키퍼가 예측하지 못한 완벽한 슛을 위해 골문 바로 앞이라도 한 번 꺾고 반박자 빠른 슛을 하듯. 딴짓이란 루틴은 중요한 순간 나를 위한 어시스트가 될 수 있다.

광고인의
빨간날

광고인에게 빨간날은 신호등 노란색의 빛깔을 띠고 있다. 명확히 빨간불일 때가 있는 만큼 가끔씩은 노란불로 갈팡질팡할 때도 있고 회사 출근이나 촬영장으로 출발하라는 파란불일 수 있다.

빨간날 인스타그램 스토리를 보면 촬영 중인 지인이 간간이 보인다. 광고는 데드라인이 명확한 직무다. 고로 스케줄링도 명확하다. 온에어 전 심의, 시사, 편집 및 녹음, 촬영 등 넘어야 할 언덕이 많다. 이런 빡빡한 스케줄이지만 더 중요한 건 모델, 편집실, 녹음실 등 외부 업체 일정과 조율해야 한다는 점. 보통 빨간날을 감안하지만 빠듯하고 또 빠듯할 땐 가차 없다. 오히려 빨간날에 촬영한다는 건 빠른 결정일 수도.

2022년 추석 연휴 중 하루를 촬영장에서 보냈다. 9월 1일 OT를 받고 9월 10일 촬영. 광고인이라면 전 문장을 다시 읽어 봤을 테다.

'잠만, OT가 9월 1일? 8월 1일 아니고?!'

9월 16일에 출시되는 신제품이었고 견적이 크지 않은 디지털 소재여서 가능했다. 내부 회의에서도 살인적인 스케줄을 감안해 모델 활용은 하지 말자고 논의한 상황. OT 받고 하루 뒤 아이데이션 회의를 했었다.

"아이디어의 단초라도 좋으니 자유롭게 생각 정리만 하고 모여서 디벨롭하자."

팀장님의 말씀. OT를 받을 때 생각났던 단초 조각들을 이리저리 모았고 기존 광고 중 모델이 등장하지 않지만 임팩트가 있는 레퍼런스를 찾는 무한 스크롤의 반복. 그러던 중 비주얼적으로 좋았다는 해외 캠페인이 딱 생각났다.

캐드버리의 Worldwide Hide 캠페인. 코로나19 시기 부활절 이벤트로 진행되었다. 전 세계에 달걀 모양의 캐드버리 초콜릿을 숨겨 놓았으니 구글 맵에서 찾아라! 이 이벤트를 알리는 광고에서 우리 신제품의 키 비주얼을 찾을 수 있었다. 재료를 부각시켜 달라는 클라이언트의 요구가 있어서 정말 핏한 레퍼런스 아닌가.

"신제품에 쓰인 재료들을 크게 보여 줍시다!"

아이데이션 회의에서 아이디어가 팔렸고 구체적인 디벨롭이 척척 진행되었다. 이탈리아 랜드마크 옆의 인스타그래머블한 블랙 트러플부터 프랑스와 스페인 랜드마크 주위에 당당히 서 있는 디종 머스터드와 올리브오일. 랜드마크에 묻히질 않고 잘 보일 우리 재료를 위해 정말 수많은 랜드마크 스톡 영상을 봤었다. 또 다시 무한 스크롤의 반복….

이런 정신없는 와중이더라도 촬영은 해야 하니까, 자연스럽게 빨간날로 촬영이 잡혔고 첫 모델 없는 촬영장을 마주했다. 아늑한 반지하 원룸 같았다. 씨즐 촬영(포인트가 될 소리를 써서 구매 욕구를 자극하는 촬영)이 중점이라 삼성역 근처 스튜디오에서 진행되었고 컴컴하고 습한 분위기가 덮고 있는 듯했다. 소파에선 쿰쿰한 냄새가

올라왔지만 빨리 코가 마비되길 바라며 모니터링을 이어 갔다.

감자, 블랙 트러플, 올리브오일이 카메라 원샷을 받는 모습을 이렇게 길게 본 적이 있을까. 다행히 하늘이 푸르스레할 때 촬영이 끝났고 이대로 연휴를 보내기 아쉬워 침대에서 뒹굴뒹굴 중인 동네 친구들에게 술 한잔하자고 연락을 돌렸다. 진짜 연휴의 시작이었다.

카피의
채도

카피라이팅 교육이나 광고 책에서는, 카피라이터가 갖춰야 할 역량 중에서 꼭 공감과 감성이 언급된다. 타깃에 몰입한 후 공감하는 마음에서 우러나오는 카피가 그들을 흔들리게 할 수 있다던가, 광고라면 우측 하단에 위치한 스킵 버튼에 자연스레 손이 가는 사람에게도 손짓에 일시 정지를 안겨 줄 감성적인 한 줄을 쓸 수 있다던가. 교육이나 책에서 말하듯 카피라이터는 꼭 공감 능력이 뛰어나거나 발라더와 같이 감성적인 사람이어야만 할까? 그렇지 않다는 사실을 카피라이터 신입 면접 볼 때 알게 됐다.

첫 회사 면접. 난 코로나19가 한창인 시기에 졸업만을 남겨 둔 대학생이었다. 플레이리스트가 검정치마, 오혁, 잔나비로 구성되어 있을 정도로 출처 모를 감성이 차올랐던 시기였다. 지금 생각해 보면 왜 그런지 모르겠지만 포트폴리오도 감성적이었다. 인트로는 어릴 때 축구부 단체 사진, 아웃트로는 최근에 찍은 축구 동호회 단체 사진. 사진으로 맞추는 수미상관이라니⋯. 컨셉은 당연히 비밀이고 약간 세피아 톤이 더해진 건 더더욱 비밀이다.

돌이켜 보면 코로나19 타격이 컸다고 생각하며 스스로를 위로한다. 아무튼 듣고 있는 음악부러 생각 자체가 감성에 빠져 있던 시기라 좋아하는 광고와 카피도 어찌 보니 감성적인 무드를 지녔었다. 다시 말해 스토리 텔링 기법의 장초수 광고(러닝타임이 60초 이상인 광고)에 빠져 있었다.

"굉장히 감성적인 사람이네요."

좋아하는 음악과 광고에 대한 내 답변을 들은 CD님의 답변이었다. 그 당시엔 이도 저도 아닌 사람보다는 확실한 성향을 보이는 게 좋지 않을까 순간 생각했다.

"네! 그런 것 같아요…. 하하…."

사실 대답을 이어 가면서도 숨겨 둔 비밀을 들킨 사람처럼 머쓱함으로 문장의 온점을 찍었다. CD님은 이런 말씀을 덧붙였다.

"감성적인 사람이라도 감성적인 카피만 쓸 수 있으면 안 돼요. 포트폴리오를 보면 대체로 감성적인 카피가 많은데 여러 색깔의 카피를 쓰는 훈련을 하면 좋을 거 같아요."

조언을 듣고는 "감사합니다"란 말이 저절로 나왔다. 처음으로 현직자에게 듣는 카피 피드백이었으니까. 감성에 젖기보단 논리를 기반으로 카피를 쓴다는 건 뭘까 생각하게 되는 계기가 됐다. 자존 감이 하늘을 찔렀던 내게 겸손함을 안겨 준 피드백이기도 했다. 첫 카피라이터 면접에서 첫 불합격을 맞이했다. 의미 있었다. 어떤 부분을 디벨롭해야 할지 눈에 선했고 오히려 다행이었다.

박나래가 〈나 혼자 산다〉 추석 특집 편에서 한 말이 있다.

"이왕 할 거면 제대로 한다."

이 말 중 '이왕'이란 단어를 좋아한다고. 난 이와 반대되는 결이긴 하지만 자주 쓰지 않는 말이 있다. '기필코'와 같이 확신 가득하면서 이행하지 못했을 때 씁쓸함이 깃들 말을 잘 하진 않으려 한다. "기필코 골을 넣고 말겠어"라든지 "기필코 좋은 아이디어를 내겠어"라든지.

누군가는 젊은 친구가 욕심이 없는 거 아니냐는 핀잔을 줄 수도 있겠지만, 필사적인 마음가짐보단 여유로운 상황에서 재밌게 하자는 게 내 모토이다. "재밌지 않으면 왜 해?"란 말이 널리 공감받고 있는 요즘. 나도 마찬가지로 일할 때나 평상시에도 이런 마인드셋을 갖춘다. 재미없어 보이는 것도 재밌는 구석을 찾아내는 재미가 있으니까.

질문의
목적

질문과 관심. 이 두 단어는 이란성쌍둥이임이 틀림없다. 질문이 물음표라면 관심은 느낌표겠지?! 지금까지 지켜본바 대부분의 질문, 아니 좀만 과장을 덧붙인다면 모든 질문에는 관심이 실려 있다. 다만, 관심의 방향만 다를 뿐. 방향에 따라 구분해 보면 세 가지로 펼쳐진다.

첫 번째, 상대에게 내 관심의 화살표가 꽂히는가.

두 번째, 관심이 도달하게 되는 최종 종착지가 나인가.

세 번째, 누구에게도 향하지 않는 허공에 관심을 던져 버리는가.

기억이 드문드문 나지만(사실 구전동화처럼 부모님께 전해 들은 내용이겠지만) 다섯 살쯤에 나는 물음표 살인마였다. 누나 유치원에 따라가 선생님의 모든 질문에 손 들기. 선생님은 그게 귀여웠는지 매번 받아 줬다. 앞으로 나와 말해 보라는 말에 비장하게 나가서 당당히 가만히 있었다. 수업을 참관하던 엄마는 인상 깊었는지 지금까지 그 장면이 생생하다고 한다. 그 당시 나에게 질문이란 것은 온전히 두 번째 방향성, 즉 관심받고 싶어 하는 몸부림 그 자체였다.

학교 수업에서 쉬는 시간 되기 몇 분 전 질문을 하는 학생이 꼭 있다. 그 눈치 없는 사람이 나였다. 수업의 맥을 끊기보단 본문 옆에 질문들을 차곡차곡 모아 두고 끝날 때까지 답이 무엇일지 고민해서 그렇다.

일대다 수업 특성상 학생은 선생과 라포르 형성을 하기 쉽지 않다. 유일하게 일대일의 순간이 되는 건 오직 질문뿐이다. 그 분야의 전문가인 사람과 관심을 보이는 학생. 이실직고하자면 수시를 지원하는 나에겐 선생과의 친근한 관계가 중요했다. 질문 속에 담긴 관심의 방향은 첫 번째와 두 번째(남을 향한 관심과 나를 봐 달라는 관심의 질문) 그 사이였다.

회사에서는 어떨까? 인턴일 때와 정규직 사원일 때에 따라 질문의 결이 살짝 달랐다. 인턴이었을 때에는 나만의 무언가를 보여 줘야 할 때였다. 주어진 일이 없으면 불안할 때, 제발 뭐라도 일이 왔으면 좋겠다고 간절히 빌 때, 일이 주어지면 다섯 살쯤으로 돌아간 듯 물음표 살인마가 된다. 인턴이라 쉴드가 가능한 질문들.

"아이데이션은 워드로 하는 게 나을까요? 피피티로 하는 게 좋을까요?"

지금 생각해 보면 자주 혼날 만했구나…, 생각나게 하는 수준의 질문투성이다. 나의 열정과 질문의 양이 동일한 것이란 착각을 하는 시기였다. 학교생활에 내가 지니고 있었던 '질문의 목적'의 연장선이라 볼 수 있다. 사회 초년생의 귀여운 열정이라는 정도로 합리화하고 싶다.

인턴을 거쳐 안정적인 사원의 반열에 들어서면 질문의 목적이 변한다. "역사적으로 흘러가듯 가"란 〈더 킹〉 명대사처럼 유유자적 흘러간다.

광고 회사 특성상 떠나는 사람과 새로운 사람의 교차가 빈번하다. 떠나는 사람에겐 향후 계획을, 새로운 사람에겐 현재 취향을 묻는다. 오로지 질문의 방향 첫 번째에 해당될 때가 많다. 다만 누군가가 다른 팀원의 뒷담화를 하거나 이런저런 불평을 펼칠 땐 세 번째 방향, 즉 허공에 관심을 돌리는 질문을 하려고 한다.

뒷담화에 동조해 달라는 질문에는 허공에 쏘아 올리는 맞질문으로 대처하는 편. 굉장히 뜬금없어도 다른 포인트의 질문을 한다든지, 문득 생각난 듯 다른 주제의 이야기를 시작할 수 있는 말을 던진다든지, 아직 노하우가 부족해 쉽지 않다. 보통은 "아, 그래요?"의 반복으로 물음표를 보낸다. 다른 말을 하더라도 대답은 같다.

"아, 그래요?"

어디를 가나 뒷담화를 하는 사람은 꼭 있다. 세 번째 질문의 스킬을 점차 늘려 나가야 한다. 듣고 싶지 않은 이야기를 전달받는 것도 굉장히 힘든 일이다. 시간이 된다면 관심을 허공에 던져 버리는 질문 리스트도 작성해 봐야지.

11

피드백을
선택할
권리

축구 A 매치 경기 여운이 남아 있을 때 조규성 선수 인터뷰를 본 적이 있다.

"너무 쉬운 거야. 축구가 너무 축구가 재밌는 거야."

본인이 잘하는 걸 알아차린 순간, 장점에 눈이 뜬 순간의 느낌이라 했다. 조규성은 초등학생 때부터 지금까지 축구를 했지만, 프로가 된 날에도 느끼지 못한 재미란 감정을 어찌 갑작스레 느끼게 되었을까. 다름 아닌 팀 동료의 조언 덕분이란다. 잔소리가 될 수 있는 말을 흘려듣지 않고 도움이 될 만한지 스스로 판단하고, 스터디부터 직접 해 보기까지. 결국 기량을 끌어모은 조규성은 귀중한 가치의 골을 넣을 수 있게 되었고 그 골의 어시스트는 조언을 아끼지 않았던 팀 동료일 테다.

회사가 축구장이고 우리가 페널티 박스 안에 있는 공격수라면 여기저기서 크로스가 올라오고 있을 테다. 땅볼로 깔려서 오는 공, 점프를 최대한 해도 닿을지 의심되는 공, 발로 차야 할지 헤딩을 해야 할지 애매한 높이로 오는 공. 오로지 한 공만 골대에 넣어야 한다면 어느 공을 골라야 할까. 이 짧은 시간에 우리가 찾고 있는 건 내가 어느 공을 더 쉽게 넣을 수 있을지다. 내가 잘 찰

수 있는 공이 무엇인지 찾고 그 공에만 집중할 것.

회사에서 여기저기 날아오는 피드백을 모두 받아들이려고 한다면 결국 한 골도 넣지 못할 것이다. 오히려 모든 피드백을 다 수용하지 못했다는 자책감으로 위축되고 작아질 게 분명하다. 우리가 아무리 주니어라도 선택권이 있다는 걸 꼭 알고 있어야 한다. 나에게 주는 피드백이니 오로지 나만이 받아들일지 말지 선택권이 있다.

솔직히 말은 쉽다. 막상 겪어 보면 혼돈 그 자체일 게 분명하다. 그래도 우리에게 선택권이 있다는 생각이 기저에 깔려 있다면 무너지지 않을 든든한 힘이 우리 몸 어딘가에 있단 걸 알 수 있지 않을까. 이런 마인드를 갖췄다면 일단 사방으로 날아오는 피드백을 받아들여 보자.

주니어, 특히 입사 1년이 안 된 사원이라면 필터링은 시기상조다. 첫 사수가 내게 한 조언이 있다. 타산지석과 반면교사.

"좋고 나쁨을 떠나 자신에게 도움이 되게끔 교훈으로 삼자."

"안 좋은 사례에서 오히려 가르침을 받아 자신에 도움이 되게끔 하자."

두 사자성어를 곱씹으며 일을 하게 되면 보인다. 어느 걸 배워야 할지랑 배우지 말아야 할지. 몇 번 반복되면 스스로 판단할 수 있게 된다. 이 포인트에서 센스가 있다 없다 판가름 나는 건 타산지석과 반면교사를 자신에게 체화시키는 속도와 본인에게 필요한 역량이 무엇인지 인지하고 있는 정도라 생각한다.

고집을 꺾을 줄 알아야 한다. 카피나 아트와 같이 크리에이티브 계열의 사람들은 어쩔 수 없이 고집이 꽤 있다. 나 또한 입사 초까지만 해도 자존감이 하늘을 찔렀다. 실무는 한 번도 안 해 봤으면서 기깔난 크리에이티브를 선보일 수 있다는 근거 없는 자존감. 자연스레 고집도 아주 강력한 상태였다.

물론 이 자존감은 몇 번의 아이데이션 회의를 하면서 거센 파도 같은 피드백을 만나며 파사삭 무너졌다. 그 타이밍에 사수의 타산지석, 반면교사 조언을 들었고 다시 제로부터 시작하자 다짐했다. 내 고집은 꽤 오랜 시간 햇빛을 못 보게 되었고 선배들의 피드백을 겸허히 받아들이고 타산지석을 하고, 어쩔 땐 반면교사로 삼기도 했다. 고집이란 걸 치워 버리니 내 앞을 막고 있던 그림자 하나가 멀끔히 사라지는 듯했다.

앞을 가로막는 그림자가 사라지니 무엇을 해야 할지, 어디로 가야 할지 더 선명하게 보였다(물론 인턴 때보다…).

12

굳이 데이의
발견

영감을 어떻게 얻고 있냐는 말에 저명한 누군가는 이런 답을 내놓고는 한다.

"평상시에 타던 대중교통 말고 다른 수단을 이용해 보기도, 평소 듣던 음악이 아닌 다른 결의 음악을 듣기도 해요."

네이버 지도에 나오는 최단 시간과 매일 듣는 플레이리스트가 아닌 것. 굳이 그렇게 해야 할까란 생각이 나지 않았다면 거짓말이다. 최단 시간과 좋아하는 음악을 포기하기 위한 결심은 어려우니까.

'굳이'를 선택함에는 나름의 결과물이 따라온다. 의식적으로 딴짓을 하기로 결심해서 그런지 무언가 하나라도 건지지 않고서는 집에 들어서기가 꺼림칙하다. 괜히 주위를 둘러보거나 사람들은 무얼 하고 있나 눈으로 검색한다. 분주한 그들의 손가락 스크롤에 눈 맞춰 보며 당최 무엇을 재밌게 보고 있는지, 샤르륵 지나가는 쇼츠는 내가 봤던 것인지, 어떤 드라마를 보는지 쓰윽 둘러본다.

'굳이'라는 말을 곱씹어 본다. 어느 상황에서 저 말을 자주 쓸까? 남들이 생각하는 정상적인 상황이 아닌 비정상에 가까운 상황에서 '굳이'를 쓸 것 같다. 추운 날 따뜻한 대중교통 대신 매서운 바람을 맞아 가며 걸어가겠다든가, 책 필사를 키보드 대신 연필로 꾸욱꾸욱 눌러 쓰겠다든가. 보통의 선택이 아닌 과감하거나 무모한 또는 이상한 선택이라 판단이 들 때 '굳이'란 단어가 머리를 쓰윽 내밀며 쳐다본다.

지극히 정상적인 것은 뻔한 것이 되어 버리는 광고 세계니까 아이디어의 비정상적인 접근을 적극 도모해 본다. 매번 비정상이 정상이 되는 전이 시점에 다다르면 '굳이데이'가 연속적으로 펼쳐지기 시작한다.

인류학자 빅터 터너의 '리미널리티liminality' 개념에 따르면 보통 전이 시점에는 평소의 상징적 질서가 전복되고 '정상'이 아닌 상태가 나타난다고 한다. 광고 업계는 전이 시점의 연속이다. 새로운 브랜드나 제품의 OT 이후 생각의 기반이 브랜드나 제품이 된다.

가령 생수 브랜드 OT를 받았다면 편의점에서 꼭 A 브랜드를 고르는 이유라든지, 집에서 물을 마시는 가족을 보고 과연 A 브랜드와 B 브랜드의 물맛 차이를 알 수 있을지, 카페에서는 왜 사람들은 물 대신 커피를 마실지 등 내가 어디에 있든 생수 브랜드라는 필터를 입힌 안경을 쓰고 있는 듯하다. 브랜드 창시자나 마케터가 아닌 이상 누가 이런 생각을 지니고 살겠나. 즉 일상생활에서 정상이 아닌 상태가 시작된다.

카피라이터를 소재로 한 드라마 〈매드 맨〉에서도 마초적인 주인공이 여성 타깃의 인사이트를 얻고자 스타킹을 신고 화장을 하는 장면이 있다. 주인공의 딸 친구에게 이 모습을 들키는데 다분히 정상인에 가까운 그 친구의 당황한 기색이 역력한 표정이 아직도 기억에 남는다.

　남자가 여자가 되어 보기도, 여자가 아기가 되어 보기도 해야 하는 게 필요한 광고 업계. 광고 자체가 '굳이'의 연속이 아닐까 싶다. 광고 컨셉 자체도 평범한 건 극히 드물다. 조용한 회사에 오케스트라 군단과 함께 등장하는 광고 모델, 극한의 고통을 이겨 내는 건 이온 음료 하나면 된다는 액티비티한 트랜지션, 브랜드나 제품이 가진 강점을 이렇게까지 어필해야 하나 생각이 들지만 그렇지 않으면 광고를 본 소비자에게 남는 인상이 임팩트 있기 힘들 테다. 브랜드에 대한 인상을 남기는 게 광고의 역할 중 하나니까. 이런 점에서 '굳이'의 역할은 중요할 것이다.

　매번 생각은 하지만 실행하지 않는 포인트의 '굳이 모먼트'. 그걸 꼬집어서 재미나 공감대를 만드는 광고라면 가려운 등을 누가 긁어 주는 듯한 해소감이 광고에서도 펼쳐질 수 있겠다는 생각이 든다. 괜히 상무님이 최고의 책은 산책이라 한 말이 빈말은 아닌 걸 알게 된다. 현실에서 살짝 벗어나 굳이데이에 돌입한다면 어느 인사이트를 얻게 될진 미지수겠지만 뭐라든 얻게 될 것 같은 기분 좋은 느낌.

　광고인이 아니더라도 익숙함 속에 낯선 포인트를 발견하게 되는, 머리까 띵!해지는 순간을 마주할 수 있게 해 주는 굳이데이를 한번쯤 해 보면 뭐가 되었든 도움이 되지 않을까 싶다.

수포자,
카피라이터
되다

수능 날. 사람들 두뇌로 전력을 생산해 낼 수 있다면 공급 수완이 가장 좋은 날. 누군가에겐 수험생들이 후회 없이 시험을 치렀으면 하는 바람으로 아침을 시작하는 날이기도 하다. 수능이 다가올 때가 되면 회사에선 옹기종기 모여 본인의 수험생 시절을 회상하는 게릴라 모임이 잦아지기도 한다.

아무래도 세대 차이가 있는 구성이다 보니 익숙지 않은 교육과정과 교과서에 나올 법한 입시 문화에 서로 신기해한다. 짧은 기간이지만 이런저런 많은 변화가 있었던 걸 직접 귀로 듣게 되는 시간. 예전엔 수시 지원이 1차와 2차가 있었다든지, 여름방학 때 밤 12시까지 야자를 했었다든지, 모든 수시에 수능 최저 등급이 있었다든지. 모두 각 세대를 대표하는 입시 문화의 산증인이라 그런지 일타 강사처럼 역사 강의하듯 썰을 술술 풀기 시작한다.

3년 차 카피라이터인 나는 초중고 12년 동안 단 한 번도 카피라이터란 꿈을 가진 적이 없었다. 사실 그런 직업이 있는지도 대학교 2학년 무렵 알게 되었다. 생활기록부에 적어 놓은 희망 직업란을 보면 (부모님 희망 사항인) 치과 의사부터 시작해 (멋있어 보이는) CEO, (순전히 입시용인) 철학 교수까지 휘황찬란하다.

직업이 선생인 사람들로 가득한 학교에선 다른 직업이 뭐가 있는지 배우기 쉽지 않다. 선생들도 직접 경험해 본 직업은 선생뿐이니까. 정시에만 올인하는 친구들을 보면 대부분 나중에 뭘 하고 싶은지는 지금은 모르겠고 일단 공부부터 한다. 수능은 고고익선이란 신념 아래 눈에 불을 켜고 공부한다. 실제로 내 주변에도 수능을 잘 볼수록 직업 선택권이 넓어진다고 생각하는 친구들이 다수였던 건 사실이다.

난 수포자, 수능 포기자다. 수시에 올인했고 내 인생에 정시란 없다고 결심했다. 수시 지원자라면 어느 대학에서 어떤 과를 가고 싶은지, 어떤 직업을 원하는지 명확해야 한다. 솔직히 나도 내가 어떤 직업을 갖고 싶은지 몰랐다. 알고 있는 직업의 수가 현저히 적었고 그마저도 끌리는 건 없었다. 일단 대학이라도 원하는 곳에 가자는 마음이 컸다.

그러다 고등학교 2학년 겨울방학 때 생각을 구체화하는 기회가 생겼다. 명문대 철학과에 합격한 선배와 카페에서 Q&A 시간을 가졌었다. 왜 철학과에 갔고, 가기 위해 무엇을 준비했고, 그 선택에 만족하는지. 충분한 대답을 듣고 결심했다.

'철학은 잘 모르겠지만 철학과에 간다면 재밌겠네.'

일단 가고 나서 좋아하는 것을 찾는 걸로 스스로와 합의했다. 지금 생각해 보면 무책임했지만 스스로도 답답했을 테다. 판단 유보를 할 수밖에 없는 그 심정은 정말 겪어 보지 않고선 공감하기 힘든 감정이란 걸 대문자 T인 내가 뼈저리게 알게 된 계기였다.

결과는 매정했다. 여섯 대학에서 단 두 곳에 1차 합격을 받았다. 상향 지원한 곳과 하향 지원한 곳. 가장 좋은 시나리오는 하향 지원한 곳에서 최종 합격을 받아 두고 상향 지원한 곳엔 속 편히 결과를 받아들이자였다. 어림없었다. 아마 예비 9번이었나? 가망성 없는 번호를 받았다. 이제 나에게 남은 곳이 상향 지원한 곳이라니…. 수능 이후였고 매서운 겨울방학이었다.

결과 발표 날에 심적으로 부담감을 느낀 나머지 혼자 할머니 집으로 도피했다. 오늘이 최종 합격 발표 날인 걸 할머니께서는 모르실 테니까. 느닷없이 방문한 손자지만 반겨 주셨고 내가 좋아했던 시래깃국을 끓이셨다. 결과 발표 시간이 됐지만 숟가락질은 멈추지 못했다. 그러던 중 갑자기 엄마께 전화가 왔다. 마음의 준비를 하고 통화 버튼을 눌렀다. 침묵이 이어진 후 슬픈 감정이 담긴 말이 들렸다.

"그동안 고생 많았다."

"괜찮아요, 어쩔 수 없죠 뭐."

결과는 듣지 못했지만 이 말이 먼저 나왔다. 그 말이 끝나는 순간 누나와 엄마가 함께 "축하해! 합격했어!"를 외쳤다. 그 가슴 벅찬 기분의 임팩트. 밥을 먹다 말고 일어서서 자리를 빙빙 돌고 할머니께도 합격이란 설렘의 온도를 고스란히 안겨드렸다.

인생에 있어 이런 긴장감 넘치는 설렘을 고밀도로 느끼는 날은 몇 없을 테다. 합격이란 말을 들을 때 생기는 이 사이다 같은 감정. 복잡한 속을 뻥 뚫어 주듯 시원하다. 대학 합격 발표와 마찬가지로 카피라이터가 되었을 때도 비슷한 설렘이 다가왔다. 다만 3년을 고

생한 수시와는 달리 1년이라는 취업 고민의 역사는 적었지만, 경제력을 갖춘 개체가 되었다는 비장함 덕분인지 뿌듯한 정도는 비슷했다. 카피라이터란 직업을 꿈 장바구니에 넣은 순간을 돌이켜 보면 내가 봐도 귀엽다.

〈무한도전〉에서 정준하가 6점이란 점수를 낼 때 7점은 좀 많은 것 같고 5점은 적은 것 같다는 이유마냥 글을 좋아하는데, 소설처럼 긴 글은 어려울 것 같고 시는 취미 정도가 적당할 것 같아서 글과 연관되어 있되 크리에이티브를 추구하는 직업, 딱 카피라이터가 생각났다. 곧바로 네이버 지식인에 검색했고 무려 태양신의 답변을 프린트해서 벽에 붙여 놓았던 아기자기한 과거가 있다.

그 후 여러 대외 활동을 하면서 슬로건 작성이나 글 관련된 작업은 선뜻 나서게 되었고 공익성 및 상업성을 띤 글을 점차 써 내려가기 시작했다. 이후 본격적으로 광고 공모전에 나가고 동아리를 하면서 비슷한 꿈을 가진 친구들이 많아졌다. 이 덕분에 자연스레 카피라이터란 꿈이 명확해지게 되었고 지금 카피라이터란 명함을 지니고 출근하고 있지 않나 싶다.

14

아아!
아아?
아아…

광고인에게는 특이한 성향이 있다. 일은 하기 싫은데 막상 없으면 허전한… 일이 없는 공백기만을 기다리며 힘차게 아이데이션을 하지만, 막상 공백기가 길어지면 슬슬 아이데이션을 할 때가 됐지 않았느냐란 생각이 슬며시 올라온다.

광고 말고 다른 직업을 가져 본 적 없어 모르겠지만, 이는 비단 광고인만 갖고 있는 성향은 아닐 테다. 10년 차에 가까운 선배는 아직까지 아이데이션 자체가 재밌다고 한다. 당연히 너도 그렇지 않냐는 동조의 눈빛에는 살짝 멈칫했다. 사실 '재밌다'란 단어로 설명이 될지 싶었다. 그 단어로 치부하기에는 부족한 복잡 미묘함. 살짝 뭐랄까…, 툴툴거리는 사람에게 왠지 모를 마음이 더 가는 아리송한 심리에 가까워서 단지 재미로만 치부하기엔 아쉬웠다. 그 정도로 아이데이션 자체를 매력적인 작업 과정이라 개인적으로 받아들이고 있다.

본격적으로 아이데이션 회의부터 클라이언트에 보고하는 과정에서 생기는 단계별 감정을 짚어 보고 싶다. 간단히 좁혀 보자면 아아 포인트("아아"를 외치게 되는)의 세 가지 단계가 있다(참고로 지극히 주관적인 아아 포인트이다).

첫 번째, "아아!" 포인트.

제작 OT를 받을 때는 막막함이 크다. 드문드문 생각나는 단초가 있다면 후다닥 메모해 두고 다시 OT를 이어 듣는 걸 반복한다. 그 이후 책상에 앉아 AE에게 받은 자료와 메모한 내용들을 혼자 쭉 집중해서 정리하는 시간을 갖는다. 고3 수험생 마인드로 팩트북에 형광펜 표시를 쫙 긋고 노션에 아이데이션을 할 때 알고 있어야 할 배경지식을 모조리 정리한다.

정리가 끝나면 본격적인 아이데이션 시작! 먼저 가볍게 OT를 들으며 적은 메모나 여러 자료를 톺아보면서 생각났던 아이디어를 구체화한다. 그래, 원초적이면서 정답 같은 아이디어들은 디폴트로 갖췄으니, 이제는 좀 열어 두고 아이디어를 펼쳐 보자란 마음을 먹는다. 잠시 화장실을 갈 때나 점심 먹으러 갈 때, 심지어 퇴근하면서까지 촉수를 세우고 다닌다. 언제 어디서라도 "아아!"를 외칠 수 있게 센시티브한 촉수를 지니고 산다.

어쩌다 화장실에서 "아아!"를 만난 순간, 자리로 돌아가는 발걸음이 이렇게 가벼울 수가 있을까. 타자 속도도 한컴타자연습 때보다 더 빨라진다. 이런 "아아!" 포인트가 누적되는 만큼 광고 자체에 대한 자신감도 쌓인다. 팀원들에게 아이디어를 까기 직전까지도 자신감이라고 둔갑한 자만심은 어깨를 가만히 두지 못한다. 옴짝달싹하는 건 마음도 마찬가지. 다소 흥분에 가득 찬 마음과 함께 회의실에 입장하고 곧 세상에 태어날 것만 같은 아이디어를 설명하기 시작한다.

두 번째, "아아?" 포인트.

가끔 아이데이션 회의하다 보면 이런 말이 들린다.

"아…. 내가 먼저 깔걸."

비슷한 단초의 아이디어를 갖고 온 분이 내뱉는 말이다. 반대로 다른 사람의 안을 보다 보면 전혀 생각하지 못한 접근 때문에 "아 아?"가 연달아 나온다. 제작 OT 막바지에 있는 커뮤니케이션 목표는 하나인데 이렇게 다른 결의 아이디어가 있다는 게 3년이 지난 지금도 신기하다.

'저 선배는 A 관점을 주안점으로 두었구나.'

'저 동기는 B 포인트에 푹 빠져 있었구나.'

이렇게 남들이 준비한 안을 보면서 내 안들은 커뮤니케이션 목표란 이름의 과녁 품에 들어왔는지 검토하게 된다. 반대로 다른 사람의 아이디어도 그 과녁 안에 있는지 확인하고 내 마음속의 첫 번째는 무엇인지 우선순위를 매긴다.

'아아? 저런 생각은 못 해 봤네.'

'아아? 이런 인사이트 괜찮은데?'

깨달음의 연속이 잔잔한 연못에 던진 돌멩이가 만든 파동처럼 연달아 올 때도 있다. 선배를 보며 깨닫는 "아아?" 포인트는 계곡에서 신나게 논 후 금방 찾아오는 소강 상태와 같다. 대략 30분 만에 흥분으로 가득 찼던 자신감이 바닥을 친 지 오래. 같이 밥 먹고 함께 야근했는데 다른 결과물을 가져오는 선배를 보면서 기가 죽기도 했었다. 살짝 분하기도 했다. 이게 세월의 짬밥일까? 오! 소리가 저절로 나오는 인사이트를 얻을 수 있는 그 사람만의 노하우가 있는 걸까? 공백기가 찾아올 때 그 선배는 무엇을 하며 쉬고 있는지 지켜봐야겠다는 시기 어린 마인드와 함께 동기부여를 잔뜩 갖고 퇴근한 날이 잦았었다.

세 번째, "아아…" 포인트.

클라이언트 보고 후 피드백을 받으면서, 더 나아가 보고 중일 때 느껴지는 "아아…" 포인트가 있다. 우리가 제시하는 여러 안 중 어떤 게 셀렉트되는지에서 오는 "아아…" 포인트. 누가 그들의 니즈를 잘 파악했었는지 명확히 알게 되는 시간이다. 보통 클라이언트의 니즈는 이렇다.

"우리 브랜드가 잘 보였으면 좋겠다."

"확실한 컨셉으로 마케팅 전략까지 쉽게 연결될 수 있으면 좋겠다."

"기존 광고와 달라 보였으면 하는데 또 너무 달라 보이지는 않으면 좋겠다."

네?!?

그래서 보통 나는 안을 준비할 때 그들이 좋아할 만한 포인트에 집중한 것도 마련한다. 클라이언트가 원하는 요구 사항을 다 반영하더라도 그 안에서 인사이트나 재미를 불어넣는 게 광고인의 역할이 아닐까. 그 결과 셀렉트되는 안을 스터디해 보면 뚜렷한 인사이트나 달라 보이는 포인트가 있다.

실제로 6초 범퍼(스킵이 불가능한 6초 이하 광고) 건이었는데, 제작비는 턱없이 적어 모델 활용은 꿈도 꿀 수 없었다. 내가 생각할 수 있는 건 자막 플레이나 씨즐의 극대화 정도뿐. 하지만 클라이언트는 자막 플레이를 지양해 줬으면 좋겠다고 한 상황. 최소한의 자막 플레이로 말맛을 맞추거나 챗지피티 양식을 활용한 이색적인 아이디어 등 다양한 접근을 모색했었다.

결국 팔린 건 귀에 걸리는 카피와 트렌디한 접근이 아니라, 외국인들이 대화를 나누고 있는 비주얼의 팝아트 안이었다. 자막 플레이가 아닌 팝아트 형식의 모델이 나오는 아이디어라니…! 팀장님의 아이디어였고 클라이언트의 니즈를 정확히 파악하고 가려운 곳을 긁어 줬다고 생각했다.

'아아… 왜 난 팝아트를 생각 못 했을까?'

2초 반성한 후 다시 회의에 집중한다. 당시에 안을 보자마자 내 마음속의 1번이 되었고 실제로 온에어까지 진행된 케이스다.

3단계의 "아아…." 포인트는 10년 차가 되든 20년 차가 되든 계속될 테다. 깨달음 없는 회의가 어디 있겠는가. 새로움을 갈구하는 광고 생태계에서 살아가려면 새로운 깨달음을 얻으려는 태도가 필요할 것이다. 같이 생활하는 팀 사람들에게도, 옆 팀에 있는 대리님, 부장님에게도 배울 게 넘쳐 난다. 센스 메이킹이란 단어도 있지 않나. 재택근무로 얻을 수 없는 사회적 공간이 우리에게 주는 깨달음도 있다. 건너편 카피 대리님의 타자 소리 이후 카피 부장님의 피드백, 헤드카피 얼터(너티브)를 고민하고 몇 분 뒤 다른 헤드카피를 구두로 제안하는 과정. 꼭 아이데이션 회의에서뿐만 아니라 회사에서 모든 순간이 "아아!? …." 포인트로 넘쳐 나고 있다.

15

예비
주니어에게
주니어
카피라이터가

2023년을 마주한 지 얼마 되지 않아 첫 도전과도 같았던 미션이 있었다. 현직자 멘토링이 메인 포인트인 광고 동아리에서 멘토가 되는 것.

광고 한번 해 볼까 슬쩍 발 내딛는 대학생들의 등을 떠밀고 "나도 했는데 너도 할 수 있다"고 입김을 불어넣어 주는 역할. 당시 입사 3년 차. 경력이 계곡물처럼 얕은 내가 어찌 바다로 나아가려는 광고 지망생에게 도움을 줄 수 있을지 등 여러 잡생각이 수더분했다. 그와 동시에 제안을 주신 선배께 못 하겠다는 말은 곧 죽어도 하기 싫은 아이러니한 상황.

내가 그 정도로 뻔뻔한 자신감이 없는 사람이었나. 회사를 다니며 매일매일 배우고 있고 느끼는 게 그렇게 없진 않을 텐데…. 예비 주니어가 될 친구들에게 이 생생한 체험만이라도 공유하면 그나마 유튜브에서 접하는 것보다 생생한 앎이 되지 않을까. 긴장된 마음으로 멘토 제안을 수락했고 그렇게 1년이 지나 다음 기수인 24기 친구들까지 만나게 되었다.

23기 수료식과 24기 대면식이 동시에 진행되는 강의실. 수료 PT(프레젠테이션) 이후 여러 이벤트가 진행되고 마지막에 한마디 소감을 말하는 자리가 있었다. 예상치 못한 시간이라 심히 당황스러웠다. 어찌할지 모르는 상황에 정제되지 않은 머리를 안고 터덜터덜 앞으로 나갔고 주저리주저리 말을 시작했다. 중간에 내가 무슨 말을 하는 거지 싶었다.

"본인이 필요할 때마다 연락해도 상관없다."

이 한 줄을 뭘 그리 요란하게 말했는지 지금 생각해 봐도 얼굴이 후끈해진다.

이실직고하자면 원래 하고 싶은 말은 따로 있었다. 수료식 이후 광고에 한 발짝 다가간 후배들에 전하고 싶은 말이 있었지만 '한마디'가 아니었던 게 문제였다. 교장 선생의 '마지막 한마디'처럼 꽤 길이감이 있었고 뒤에 연달아 한마디 하실 멘토에게 실례일 듯싶어 횡설수설 말을 마쳤다. 이 아쉬움이 너무나 컸던 건 사실이라 꼭 이렇게나마 마음을 전달하고 싶었다. 내가 하고 싶은 '수십 마디'는 다음과 같다.

"수료식이라는 공식적인 자리인 만큼, 빈말이나 감정 가득 담은 오그라드는 말을 하는 대신 조금이라도 도움이 되는 말을 하고 싶어요. 서당 개 3년이면 풍월을 읊는다는 이 상투적인 속담, 외우지 않더라도 이미 알고 있잖아요? 주니어 3년이라도 일 관련해 말할 게 생기는 것이 저조차도 신기할 따름입니다. 짧지만 제가 겪은 바를 토대로 어딘가의 주니어가 될 여러분께 하고 싶은 말이 있어요."

"먼저 최대한 다양하게 실수해 보세요. 처음부터 '갓벽'하게 일을 하는 사람은 절대 없습니다. 처음 하는 일이라 시행착오는 분명히 있고, 실수할 것을 두려워 말고 받아들이세요. 다만, 같은 실수를 반복하진 마세요. 이전에 저지른 실수를 복기해 다음번에는 완벽하게 처리하는 상황이 반복되어야 합니다.

같은 실수를 반복할 것 같은 느낌이 든다면 차라리 매뉴얼을 만드세요. 주어진 일을 실수 없이 처리할 수 있어야 상사로부터 신뢰를 쌓을 수 있고, 다음 스텝의 새로운 일을 해 나갈 수 있어요. 최대한 주니어일 때 다양하게 실수해 보자고요. 우리에겐 실수할 명목인 주니어란 타이틀이 있잖아요."

"다음은 최대한 마음껏 질문해 보세요. 단 질문을 위한 질문은 금물. 인턴일 때 제가 느낀바 윗분들이 보기엔 질문하는 행위 자체를 곧 적극적인 태도로 인식한다는 것이었어요. 사실 질문할 게 생긴다는 건 궁금한 게 있다는 거고, 또 잘해 내고 싶다는 표현이잖아요. 일이 처음이라 모르는 것투성일 테고 선배들 발걸음을 따라가기 위해선 우린 질문을 할 수밖에 없어요. 혼자 끙끙 앓고 있으면 진도를 못 나가게 됩니다. 뒤처지게 되고 빠른 속도로 질주하는 선배들에 기가 죽게 되고 점점 말을 잃게 될 거예요.

설상가상 선배로부터 '원래 말이 없니?' 이 말 들으면 우리 마음의 문도 고장 난 자동문처럼 끼익끼익 고통스러운 소리를 내며 서서히 닫힐 거예요. 이 혼돈의 상황을 맞닥뜨리고 싶지 않다면, 질문을 아이템처럼 사용해야 해요. 잘 사용한 만큼 레벨 업도 쉬워질 거예요."

"마지막으로 최대한 자신에게 칭찬해 주세요. 이리 치이고 저리 치이고, 사무실과 회의실에서 뒹굴뒹굴 굴러다니고 있는 게 주니어의 웃픈 실상이에요. 네모난 자존감이 둥글둥글해져서 마음도 이리저리 심란해지죠.

그러는 와중에 누군가에게 칭찬받게 된다? 아주 조그마한 일이라도 상관없어요. 겨울잠 자듯 웅크린 자존감이 봉긋 올라옵니다. 굽은 어깨가 살짝 올라간 듯. 그렇지만 일적으로 칭찬 받기가 사실 어렵잖아요. 그러면 스스로 잘했다 칭찬해 주세요. '오늘 퇴사 안 했네? 잘했다!', '데드라인 잘 지켰네? 잘했어!', '아이데이션 회의에서 하나 팔았네? 정말 잘했다!' 사소한 거라도 칭찬이 쌓이면 자존감도 회복될 것이고 멘털 부여잡기에도 꽤 도움이 될 거예요. 스스로를 칭찬으로 혼쭐내 주는 시간 한번 가져 보자고요."

지금 보니 이 말을 수료식 날 소감으로 했다면…, 한껏 텐션이 올라간 수료식 분위기를 제대로 망칠 뻔했다. 그럼에도 불구하고 나의 바람은, 23기 친구들이 안고 있는 회사 생활에 대한 불안한 마음을 조금이라도 덜어 냈으면 좋겠다란 마음뿐이다.

16

3년 차의 이직 면접 후기

3년 차가 되면 자의든 타의든 면접을 보는 기회가 생긴다. 연차가 적을 땐 나보다 회사의 존재감이 크게 느껴져 주체적인 모습을 갖기 어려웠다. 일이 어느 정도 적응되고 출근길에 웃을 수 있게 될 때 회사란 곳이 내가 선택할 수 있는 대상이란 걸 알게 된다. 이때가 되면 내가 있는 곳이 워라밸이 좋든, 팀이 좋든 말든 다른 회사에 있는 나의 모습을 슬쩍 생각해 보게 된다.

메타인지의 시작. 신입 때 품었던 광고업의 목표를 되새김질해 보고 다음 스텝에 최선의 선택은 무엇일지 고민한다. 고민의 시간이 길어지는 건 현재 진행되고 있는 일에 도움이 되지 않을뿐더러 알게 모르게 스트레스를 받을 수밖에 없어서, 최대한 명료하게 결정하는 게 멘털 관리에도 좋을 듯싶다.

사실 본인이 지향하는 커리어를 갖출 수 있는 곳에서 면접을 보는 게 제일 명쾌하다. 본인의 지향점을 담은 자기소개서와 어떻게 인사이트를 발견하고 카피로 풀어내는지를 담은 포트폴리오를 공유하면서 서로의 '케미'를 확인하는 과정이니까.

특히 이직 면접일 경우에는 면접을 보는 사람에게도 일말의 주체성이 부여된다. 같이 일할 사람을 보는 자리고 어떤 일을 하는지 확인하러

간 거지 않나. 이렇게 면접을 갔다 오면 생각하지 못했던 새로운 정보들이 넘쳐 난다. 내 포트폴리오에서 질문을 끌어낸 인사이트나 아이디어부터 '컨셉 워딩'같이 평상시에 자주 쓰지 않았던 업계 용어를 명확히 규정하고 있어야 한다는 자기반성까지.

아니, 사실 면접을 보지 못한 곳이라도 얻는 게 있다. 서류 탈락의 이유가 뭔지 유추할 수 있으니까. 만약 영어 능력자를 뽑는 곳이 날 서류 탈락시켰으면, 영어 성적을 올려야겠다는 근거리 목표가 생길 수 있지 않나. 어찌 되었든 회사로부터 주체성을 갖게 되었단 판단이 들었다면, 마음껏 커리어든 워라밸이든 본인의 지향점에 가까운 곳에 지원을 해 보자. 그야말로 밑져야 본전이니까.

어제와 닮은 오늘이 반복되는 주간이었다. 평범한 하루를 보낸 뒤 퇴근을 하고 있는데 "팅" 하고 알람이 울리더라. 외국계 광고 대행사에 관심 있으면 연락 달라는 헤드헌터의 메시지였다. 정확히 어느 회사일지 궁금했고 수락을 눌렀는데 얼마 있지 않아 전화가 왔다. 또 얼마 있지 않아 오후 반차를 내고 면접 보러 가고 있었다. 일전에 본 면접처럼 포트폴리오에 대한 이야기와 좋아하는 광고가 뭔지 등 일하는 태도와 카피 성향이 뭔지 물어보는 정도일 줄 알았다. 근데 웬걸, 질문이 이렇게 어려울 수가…. 초반엔 하하호호 분위기였지만, 중후반에 프로젝트 진행하는 것에 대해 깊게 들어왔고 오래전 진행했던 건이라 설상가상 기억의 혼선이 생기기까지 했다.

제일 어려웠던 건 이거다. 제시한 컨셉 워딩 중 가장 좋았던 것과 하나의 컨셉에 다른 결의 카피를 썼던 구체적 사례. 잠깐 컨셉…
워딩? 사실 업계에서 쓰는 워딩들은 누가 어떻게 쓰는지에 따라 결
이 좀 다르다. 크리에이티브 테마를 말하는 건가? 키 카피를 말하
는 건가? 아니면 컨셉을 말하는 건가? 혼란스러웠고 명쾌한 답변
을 못했다. 나보다 몇 배의 연차를 가지신 분 앞에서 아는 척을 할
순 없었다.

　지금 있는 회사는 인하우스라 PT보단 고정 물량에 대한 아이데
이션이 잦았다. 이때는 따로 컨셉 워딩을 뽑아내지 않고 여러 접근
법으로 펼쳐서 아이디어를 제시하는 편이다. PT를 주로 하는 그 팀
의 일하는 방식과 너무나 달라서 당최 어떤 답변을 해야 할지 감이
잡히지 않았다.

　또 하나의 컨셉에 다른 결의 카피를 썼던 사례가 있냐는 질문엔
당연히 있겠지만 기억이 나지 않았다(이러면 없는 것이나 마찬가지겠지
만…). 그래서 포트폴리오 첫 장부터 머릿속으로 한 장 한 장 넘기며
질문의 답을 찾으려 했다.

　침묵이 길어지자 그냥 속 시원하게 "기억이 안 납니다. 하핫"을
시전해 버렸다. 카피라이터로서 아직 경험이 부족하단 생각이 들
었고 스터디가 필요하단 게 확실해졌다. 면접 다음 날 카피 선배에
게 컨셉 워딩을 어떤 맥락에서 쓰는지 물어본 결과 우리 팀에서 뽑
아내던 '크리에이티브 테마'의 결이란 걸 알게 됐다. 또 PT 할 때 이
테마를 뽑아내는 데 꽤 오랜 시간 투자를 한다는 걸 듣게 됐고 기획
서를 분석해 보는 스터디가 필요하단 걸 뼈저리게 체감했다.

아직 면접 결과가 어떻게 될진 모른다. 그렇지만 결과가 어찌 되었든 내가 놓치고 있었던 부분이 뭔지 명확히 알게 된 걸로 합·불합에 상관없이 충분히 만족하기로 했다.

17

사수가
있어
다행이야

"사수 없이 살아남는 꿀팁."

유튜브나 온라인 강의에서 자주 쓰는 타이틀이다. 이런 타이틀이 즐비한 걸 보면 그만큼 유입률이 높고 공감하는 타깃들이 많다고 볼 수 있다. 사수 없는 신입의 회사 생활은 마치 보호자 없이 횡단보도를 아장아장 건너는 한 살에서 세 살 아이와 같다. 차 안에서 안전벨트를 맨 사람이 보기에 얼마나 조마조마하고 떨릴까. 사수 없는 두려움을 토로하는 주변 지인들이 여럿 있다. 지금까지 난 운이 좋게도 사수가 늘 있었다.

회사에서의 보호자, 즉 사수가 있고 없고의 차이는 클까? 지금까지 만난 광고 업계 선배들의 스토리를 들어 보면 대개 사수가 없었음을 아쉬워했다. 사수가 없어서 아는 형에게 지면 PPM을 공유받았다는 아트 디렉터 선배, 팀장님한테 혼나면서 배웠다는 카피라이터 선배.

선배들이 신입인 시절, 아직 해 보지 않은 일을 시키는 팀장님에게 차마 못 하겠다는 말은 못 하겠고 막막하고 떨리는 심경을 두 손에 가득 담아 이곳저곳 구글링하면서 무에서 유를 만드는 행위가 시작된다. 이렇게 회사 업무가 창작이 되는 느낌을 두려워했던 것이다. 구체적인 결과물을 제시해야 할 업무가 추상적인 예술 형태를 띠고 있으면 안 되는 건 초짜였던 본인도 잘 알고 있으니까.

인턴 때 만난 사수는 사수가 아니라 선생에 가까웠다. 일상에서 카피라이터가 갖춰야 할 자세부터 업무에 필요한 기초 지식, 콘티 레이아웃, 또 사회생활까지. 수영장에 걸쳐 앉아 발헤엄부터 배우는 것처럼 대학생 티가 나지 않은 카피라이터가 되기 위한 발버둥침을 배웠다.

3년 차인 지금도 보호자가 필요하다. 아직은 의지하고 싶다. 회의실에 들어갈 때 옆에 있는 팀원이 있고 없고의 존재감이 크게 느껴진다. 팀은 혼자가 아니다. 기획 팀이나 프로덕션 미팅할 때 아이스브레이킹 겸 뻘한 소리를 내뱉어도 이를 받아 줄 수 있는 사람이 있다는 것. 얼마나 다행인가.

만약 나 혼자 그들을 마주해야 한다면 어떻게 회의를 시작할 수 있을까. 내뱉는 말은 검토자들이 서너 명인 결재란처럼 복잡한 회로를 거쳐질 테다. 사공이 많으면 산으로 간다지만, 사공이 한 명이면 가고자 하는 곳이 곧 길이 되고 조금이라도 논점에 벗어난 말을 시작으로 프로젝트에 큰 피해를 끼칠 수도 있다. 팀원이 버젓이 있는데 빠른 일의 진행을 위해 혼자 의사 결정을 하는 건 아니라고 했던 팀장님의 말처럼 혼자서 프로젝트를 맡는다는 건 보통 일이 아니란 게 상상만으로도 체감된다.

지금은 의지할 수 없는 상황이 되었다. 없어진 회사와 흩어진 사수들. 어깨너머로 또는 직접 배웠던 업무 노하우를 새로운 부서에서 알음알음 적용하고 있다. 덕분에 날이 갈수록 줄어드는 업무적 긴장감. 처음 접한 업무라도 해낼 수 있다는 자신감이 생긴다.

"어디 가서든 잘할 거야."

넌지시 던져 주신 말을 곱씹으며 새로운 시작에 전심 전력하고자 다짐한다. 이 좁디좁은 한국 사회에서는 언제든 만날 수 있을 테니까. 우연히 만나는 날이라도 반갑게 인사를 나누는 모습을 그려 본다.

18

카피라이터가
작가를
동경하게 된
이유

공통된 주제에 대한 에피소드를 공유하는 단톡방이 있다. 2021년 광고 동아리에서 만난 동기들이 왕창 모인 곳. 그들과 카피라이팅 강의를 수강했었고 과제는 필사와 작문이었다. 이왕 하는 거 제대로 해 보자는 다짐 겸 채찍질로 인원을 모았고 무려 열세 명과의 글 동행이 시작되었다. 매주 월요일마다 필사를 올리고, 목요일마다 일곱 줄 이상의 작문을 올리기. 대략 2년이 지난 지금까지 계속되고 있다. 호기롭게 과제를 수행했던 당시의 초심을 잊은 지는 오래되었지만, 꾸역꾸역 생존 신고하듯 자정 넘어가기 1분 전 글을 올리고 쌓여 있는 글에 '좋아요' 표식을 남기고 있다. 뜬금없지만, 내게서 씀이란 행위가 사라지지 않을 수 있게 해 주는 글 동행들에게 무한한 감사함을 전하고 싶다.

작문을 공유했던 첫 순간의 감정은 잊을 수 없다. 묘한 긴장감. 그 당시는 카피라이터였어서 살짝 부담감이 없었다면 거짓말이다. 친구들 앞에서 일기장을 낭독해야만 했던 어린 시절처럼 제출 날이 다가올수록 떨림은 감출 수 없었다. 물론 잘 쓴다고 상을 받지도, 돈을 버는 것도 아니지만 순수한 마음에 잘 써 보고 싶다는 욕심이 마음속 한 움큼 있었다.

그러다 보니 월요일마다 올렸던 필사에 진심으로 응하게 되더라. 끄적거림이 아닌 받아들임의 자세로 밑줄을 긋고 필사적으로 노트에 옮긴 덕에 최애 문체를 찾을 수 있었다. 한 작가의 책을 읽기 위해 여러 도서관을 탐방하기도 했었다. 아이돌과 연예인의 팬이 되어 본 적도 없는데, 고작 속표지를 통해 안면을 트게 된 작가에게 덕질 비슷한 감정이 생기다니. 첫 페이지를 열 땐 설렜었고, 만져 보지 못한 그분의 책이 또 어디 있을까 기대했었던, 내게도 그런 날이 있었다. 그렇게 작가란 직업을 동경하던 때가 있기도 했다.

작가를 동경했던 건 아무래도 주위 환경도 한몫을 한 듯하다. 서점에 가면 수만 권의 책이 있고, 수천 명의 작가가 있지만, 내 주변에는 오직 한 명뿐이었다. 첫 번째 회사의 제작 상무님, 카피라이터로 꽤나 활약을 한 분이다. 입사 전, 그분의 에세이를 우연치 않게 읽게 되었고, 솔직히 입사 후에도 그 작가가 우리 회사 상무님인 줄 몰랐다. 어쩌다 알게 된 후 내적 친밀감이 샘솟았고, 나도 언젠간 작가가 될 수 있겠구나란 근자감이 들었다. 자리가 바로 앞이라 책을 쓰시는 과정을 지켜볼 기회가 많았다.

어느새 신작이 나왔고 회사에서 벌어진 에피소드가 여럿 있었다. 산증인인 난, 깊은 공감을 하기도 했고 고개를 갸우뚱하기도 했다. 어쩌면 에세이는 소설과 한 끗 차이구나 싶었기 때문인데, 파편화된 사실들이 하나의 에피소드가 되는 현상이 즐비했다. 그렇다고 맥락이 다른 건 아니다. 어쩌면 내가 지금까지 에세이란 것을 오해하고 있었을 수도 있다. 전달하고자 하는 메시지에 따라 꼭 순차적으로 에피소드를 풀어 낼 필요는 없지 않으니까.

정답이 있는 글쓰기는 없다고 믿는다. 온전히 솔직하게 글을 써야 한다는 초심자의 아포리즘, 어제의 감정을 오늘 백 퍼센트 솔직히 말할 수 있는 사람이 몇 있을까. 지금 생각나는 그 감정을 적는다는 것, 그 자체가 솔직한 표현이다. 명백한 사실은 아니지만 전하고자 하는 메시지에 거짓이 없는 에세이.

그렇게 책이 만들어지는 과정을 어깨너머 봐서 그런지 나 또한 자판을 두들기는 손가락의 부담감이 상당히 줄게 되었다. 메시지가 돋보였으면 싶은 마음에 가끔 주변 감정을 꾸미고 있다. 문장과 단어 곳곳에 미장센을 심어 두고 있다. 그러지 말자, 애먼데 힘쓰지 말자 싶으면서도 아직은 그런 나 자신을 놓을 수 없다. 이왕 이렇게 된 거, 조금만 더 욕심을 내 보자. 과거의 나를 반면교사 삼을 수도 있으니, 후회 말고 수정하고 저질러 보자. 창피한 건 내일의 나일 테니까.

19

우리
회사가
매각된다고?

초등학교 행사 중 농촌 체험이 있었다. 새끼 오리를 풀어 주기도 하고 직접 모를 심기도 했다. 지역 어르신의 생생한 가이드까지 포함된 체험 활동. 모가 모인 논의 초록을 보고 있을 때였나, 그중엔 잡초가 있어서 곧 제거 작업을 할 것이라 했다. 당최 어느 게 뭐고 또 어느 게 잡초인가. 같은 초록에 비슷한 생김새, 도저히 구분할 수 없었다. 이 정도면 식물계 카멜레온이라 부를 수 있을 정도의 완벽한 위장술이지 않나 생각했다.

잡초 같은 인생. 흔히 인생을 잡초에 빗댄다. 완벽하게 끈질긴 인생. 주위의 질타에도 꿋꿋이 햇빛을 받으려 고개를 든다. 그 와중에 너무 튀면 뽑히게 되니 옆에 있는 모를 롤 모델 삼아 자란다. 생존이 목적인 삶, 절실한 욕심이 깃든 하루. 그 논에서 태어난 걸 어찌하겠는가. 잡초인 걸 남이 모르게 최대한 모에 빙의할 수밖에.

태어난 순간 고난을 마주하는 숙명을 지녔지만. 어느 하루도 열심히 살지 않는 날이 없을 테다. 우리는 이런 잡초의 고행을 알기에 인생이라는 귀중한 본질에 잡초를 비유하곤 한다.

논은 비교적 안정된 환경이다. 관리하는 주인도 있지, 비옥한 토양도 있지, 청정 자연이 만들어 낸 물도 있으니까. 반면, 야생식물의 존재를 다시 보게 된다. 시멘트 사이에 피어난 민들레, 공원이 아닌 곳에 자리하고 있는 이름 모를 풀. 오직 자연이 관리하는 야생식물은 어떤 생존 전략을 펼치고 있을까.

시멘트 사이라는 불안정한 정착지에도 다른 민들레와 별반 차이 없이 자랄 수 있는 존재. 왠지 일반 민들레보단 더 대단해 보인다. 비단 인간의 판단하에 불안정한 정착지겠지만, 그 누구도 관리 목적으로 물을 주지 않고 옆에서 푸우푸우 담배 피우고 있더라도 민들레는 잘 자라고 있으니까. 식물 입장에서는 시멘트 사이든 야생이라 불리는 곳이든 다 자연이고 그들의 거주지다. 외부 잣대에 휘둘리지 않는 식물에서 생존을 위한 몰입력을 배운다.

최근 드라마 같은 일이 나한테도 벌어졌다. 흔한 소재라 질타받아도 무방한 구조조정 사건. 드라마에선 매각이 되었다는 대사 이후 당황한 표정의 엔딩이 이어지고 자연스레 그 이후의 삶으로 전개된다. 그 중간의 과도기가 어떤지 어느 회차에서도 다루지 않았으니, 우리도 몰랐다. 처음 회사 사정에 대한 소식을 들었을 땐 혼란스러웠다. 누군가는 집 계약을 앞둔 상황이기도 했고, 이직 계획이 꿈에도 없었던 사람이 여럿 있었으니까.

회사에서 마련하는 구체적인 방안도 없었다. 매각되는 회사에 주니어만 고용 승계된다는 것과 퇴직금에 위로금을 더 준다는 말뿐. 심지어 흡수합병인지 인수 후 합병인지 다른 대행사와 합병인지도 정해지지 않았다. 약 한두 달 후에 계약이 완료되어야 알 것이라 했다. 역시나 그 한두 달의 회사 생활을 드라마에선 다루지 않았다. 하루하루가 다이내믹한 상황일 줄 누가 알았겠는가.

　　혼란을 넘어서 분노로 치닫는 단계는 매각 공지를 듣고 일주일 후였다. 낙동강 오리알 그 자체가 되어 버린 상황에 분노. 한 달 뒤 없어질 회사에 매일 출근해야 한다는 것과 진행되고 있는 일을 마무리해야 한다는 것, 쉽지 않았다.

　　각자도생이 펼쳐지는 분위기에서 팀워크를 발휘해야 한다니. 분노의 클릭을 넘어서 판단 유보의 단계로 흘러간다. 일의 인풋엔 매크로마냥 아웃풋을 도출한다. 전달자처럼 판단하지 않고 순한 양처럼 입력값을 읊는다. 이제 온에어도 마쳤고 범퍼든 지면이든 부가적인 업무가 끝이 났다. 판단 유보의 순간을 벗어나 현타에 기반한 '멍' 상태에 돌입한다.

　　무언가를 하고 있는데 멍 때리는 느낌이다. 광고 업계에선 쉴 땐 확실히 쉬자는 마음을 갖고 있다. 어떤 선배는 여덟 달 동안 온에어를 한 적이 없고 놀았다 했고 우리도 한두 달 푹 쉬었던 적은 흔했다.

　　인수라는 뉴스를 통보받은 지 3~4주 정도 지났음에도 불구하고 그동안의 시간과는 흐름의 체감이 다르다. 흐물흐물한 달걀 두 알을 밟고 올라선 느낌. 조마조마하다. 한쪽 달걀이 터져서 균형을 잃지 않으려 정신을 부여잡는다. 회사 동기와 대화를 하며 서로의 멘털을 챙겨 준다.

　　"이럴수록 서브 프로젝트에 집중해 보자고."

　　"머리를 비우고 후딱 옆그레이드든 업그레이드든 하자고."

우린 의지할 사람이 필요했다. 회사든 상사든 온전히 의지하기 힘든 상황 속 옆에 있어 주는 건 동기들이었다. 이렇게까지 동기들이 더 좋은 곳으로 이직하면 좋겠다고 생각할 때가 올 듯싶다.

우리 뭐가 되었든… 가 보자고!

20

희망퇴직에도
희망이
있나요?

2023년의 감정을 톺아보면, 9년 전 수능 이후 수시 결과만 남겨 둔 고등학교 3학년 때와 닮았다. 특히 2023년 하반기는 더 가관이다. 지원한 수시 원서 여섯 곳 중 이미 다섯 곳은 불합격, 나머지 한 곳만 남겨 두고 있는 상황이 연상된다. 이 먹먹한 심정은 단지 상상에 기반한 감정이 아니다. 실제 겪었던 경험이라 아직도 그 설움을 잊지 못한다.

처음 맞아 보는 낯선 온도를 잊으려 침대 위 전기 매트를 달군다. 그럼에도 불구하고 포근한 밤은 보낼 수 없다. 괜스레 새벽 2시까지 페이스북과 유튜브를 보며 늦장 부리게 된다. 흥미를 잃은 마음에 억지로라도 텐션을 잔뜩 높인다. 불을 끄고 눈을 지그시 닫음과 동시에 불안함이 투영된 잡념의 문이 열린다. 눈이 덮여도 가파름은 여전한 설악산에서, 몸집을 키우며 굴러가고 있는 스노볼처럼 잡생각이 똘똘 뭉친다.

난 그렇게 눈을 감고 생각을 비운다는 행위인 명상을 믿지 않게 되었다. 오래된 침묵으로 메마른 혓바닥과 달리 눈은 촉촉하다. 새벽 감성이 올라와서 그런지, 영상을 미치도록 봐서 그런지 가만히 눈을 감고 있으면 베개 커버에 쉼표가 또르르 내려와 찍힌다. 마지막 수시 합격 소식을 듣기 전날까지 하루의 마무리를 한숨으로 내뱉는 날은 계속되었다.

2023년 새롭게 발아한 꽃의 생기로움을 즐기기도 전, 뉴스가 눈치 없이 구직 포기하고 그냥 쉬고 있는 MZ 세대를 집중 조명했다. 잎의 생명력이 기력을 다했을 땐 대기업이든 중소기업이든 구조조정을 추진한다는 헤드라인이 눈앞에서 설쳤다. 경기가 좋지 않다는 건 이미 체감하고 있었다.

광고 물량이 예전에 비해 줄어서 강제 워라밸이 보장되었던 것과 온에어되는 광고들이 대개 세일즈에 초점이 맞춰져 있다는 것. 슬프게도 경기가 좋지 않다면 가장 먼저 줄이는 게 광고 예산, 마케팅 비용 그리고 사람 아닐까. 적은 예산으로 확실한 매출 효과를 얻기 위해서는 크리에이티브한 광고보다는 세일즈에 직접적인 영향을 줄 만한 광고를 하게 될 것이다. 클라이언트도 그러한 선택이 모험보다는 보험일 테니까. 나빠지는 경기가 크리에이티브에 영향을 준다는 게 아쉬울 따름이다.

입사 때부터 지금까지 내게 잔상을 남기는 광고를 아카이빙하고 있다. 2023년에도 변함없이 광고를 모았지만 선뜻 '광고 아카이브' 폴더에 간택되는 게 적어졌다. 여기도 세일즈, 저기도 스킵을 하고 싶은 광고. 그러는 와중에 광고 회사 지인들 사이에서 희망퇴직 이야기가 전염병 퍼지듯 들리기 시작했다.

"설마 우리 회사도 그러겠어?"

고정 물량이 있는 인하우스라 내심 안심했다. 하지만 회사란 곳은 언제 상장폐지될지 모르는 주식에 불과했다. 다른 광고 회사에 인수된다는 소식을 들었고, 제한적 고용 승계가 이뤄진다고 했다. 어릴 때 뉴스에서 자주 본 노조 시위는 꿈도 못 꾼 채 대부분 순응하는 분위기였다. 위로금을 받고 퇴직하거나, 위로금을 포기하고 잔류하거나. 다만 잔류란 선택지에는 불명확한 회사의 미래가 내포되어 있었다.

그렇게 석 달이란 시간이 무의미하게 지나갔다. 아직도 계약서에 도장을 안 찍었단다. 의기투합하자는 의미로 열린 송년회 단체 회식 자리에선 연거푸 무채색 희망의 말을 들어야 했다.

"연말에 도장 찍으면 사무실 이전하고 업무 정상화될 거야, 조금만 더 버티자."

며칠 뒤, 밤 10시쯤 문자가 무심하게 왔다.

"내일 오전 10시 회의실에서 부사장 전달 사항이 있으니 필히 참석 바랍니다."

기분이 묘했다. 다른 직원들도 불안함을 감출 수 없었고 그렇게 오전 10시가 오기만을 기다렸다.

인간의 직감은 놀랍다. 인수가 결렬되었고 회사는 결국 청산하기로 됐다. 건너편의 대리님과 옆에 앉아 있는 동기의 표정이 생생하다. 발을 동동거리듯 그들의 눈빛과 표정이 요동쳤다. 다시금 느끼는 대학 불합격의 트라우마. 여긴 합격할 수밖에 없다고 장담한 곳에서의 불합격 통보급이었다. 서너 달간 스스로 희망고문하며 버틴 게 아스라이 무너졌다. 믿기지가 않는다는 말만 진실임을 믿을 수 있었다.

결국 잔류한 사람들에겐 두 가지 선택만 남아 있었다. 모기업으로 갈 것인가, 위로금을 받을 것인가. 고민할 수 있는 기한은 사흘뿐. 어안이 벙벙할 시간도 부족했다. 설상가상 난 일본으로 휴가를 간 상황. 시부야 스크램블 교차로를 건너며 잔류할지 퇴사할지 고민했다. 좌우로 오가는 사람들처럼 내 선택도 왔다 갔다 변했다. 카피라이터를 계속할 것인가, 새로운 직무에 도전할 것인가.

앞으로 펼쳐질 인생의 중요한 선택을 여기 도쿄에서 해야 한다니. 이런 일이 나에게도 벌어지는구나 그저 이 생각뿐이었다. 글을 쓰고 있는 지금은 이미 어찌할지 결정은 끝났다. 인생에 있어 중대한 결정을 하기까지의 복잡 미묘한 과정과 감정을 머지않아 글로 정리해 봐야겠다. 재난 영화 시나리오에 버금가지 않을까.

단어에서 시작된 ▼ 문장들

스키장

▽
여섯 문장이 되다

스키장은 떨림이다.

초등학생 때 처음으로 스키장을 갔다. 사실 스키가 뭔지도 모르고 탔다. 내게 남아 있는 건 첫눈을 맞이했을 때 느꼈을 떨림과 유사한 감정. 떨림은 곧 두려움으로 변모했다. 스키는 엉덩이로 배우는 것임을 알게 되었으니까.

스키장은 스릴이다.

어느 정도 수준에 오르자 보드를 배웠다. 나름 새로운 도전. 스키를 탈 땐 보드를 타고 날카롭게 내려가는 사람이 멋있어 보였다. 안정감이 있는 스키와 다를 그 스릴감. 스키는 옆으로만 넘어지지만 보드는 앞, 뒤, 옆으로 넘어질 수 있으니까 얼마나 스릴 넘치는가. 그렇게 스릴이 자기희생임을 몸소 느낀다.

스키장은 여행이다.

운전대를 잡을 나이가 되었다. 함께 보드를 배웠던 친구들과 1년에 한 번은 스키장을 갔었다. 이제 스키장은 스포츠의 장이 아니라 뒤풀이장이 되었다. 운동도 했으니 술 마셔야 하지 않나. 내 인생 첫 술을 스키장에서 배웠다. 잘못 배웠다.

스키장은 우정이다.

정기적으로 떠났던 스키장 여행. 갈수록 인원은 줄어든다. 여덟 명, 여섯 명, 네 명. 마지막까지 남은 네 명은 초등학교를 졸업한 이후 한 달에 한 번은 만나고 있는 친구들. 어느샌가 우린 우정을 위해 스키장에 간 게 아닐까.

스키장은 습관이다.

시베리아기단이 슬며시 움직일 때, 외투 주머니에 손을 넣는 시간이 길어질 때가 되면 누군가 말한다.

"스키장 함 가야지?"

누군가 적기의 날짜를 추리고, 회원권이 있는 친구를 구해 숙소를 구하고, 접선 장소를 모색한다. 겨울이 왔고, 스키장을 간다.

스키장은 추억이다.

습관이 추억이 된다는 건 외부적인 요인으로 인해 방해를 받았을 가능성이 크다. 일평생 축구를 해 온 축구 선수가 축구를 하지 않는 이유가 부상일 가능성이 높듯. 연례행사였던 스키장 여행은 추억이 되었다. 풋살 하다 혼자 넘어져 다친 발목 때문에…. 예전 같으면, 하루 이틀이면 나았을 텐데. 나약함에 가까워질수록 스키장은 멀어진다.

선물

▽
선물을 영어로
뭐라 하지?

작가 한강은 〈흰〉에서 시간의 감각이 날카로울 때가 있다고 했다. 근래 시간의 감각이 곤두섰을 때가 언제일까. 생일이었다. 평상시엔 아무렇지 않게 자정을 넘겼지만, 생일 전날 자정이 가까워지면 숨겨 왔던 날카로운 감각이 깨어난다. 날카로운 연필이 시간이 지날수록 뭉개지듯이, 날카로운 감각도 점점 무뎌진다. 아직까지는 생일의 감각이 살아 있어 다행이다. 이것마저 뭉뚱그려지면 달력에 온전히 나를 위한 날이 존재하긴 할까.

생일은 달력에 기재되어 있지 않지만, 빨간날이자 일요일이다. 빨간날에 버금가게 달력에 본인의 생일을 커스터마이징한다. 별표, 빨간 동그라미, ○○탄신일.

이로써 달력엔 나를 위한 날이 기록된다. 예수님, 부처님 생신만 챙겼던 무심한 달력에 내 생일을 챙긴다. 스스로, 정성스럽게.

생일은 친구들을 만나기 좋은 날이다. 평상시에 봤던 사람이라도, 평소 보고 싶던 사람이라도. 어쩔 때는 자의에 의해서, 저쩔 때는 타의에 의해서였지만. 생일 파티 자체에 대한 레이아웃은 갈수록 변했다. 초등학교 때는 정말 말 그대로 생일 파티였다. 레오나르도 다빈치의 〈최후의 만찬〉처럼 주인공은 명확했다. 친구들이 줬던 문화상품권(문상) 5,000원, 쨍쨍한 비닐에 밀착되어 포장된 책, 삐뚤삐뚤한 손글씨 편지. 우린 타의에 의해 구체적으로는 부모님에게 선물 주는 방법을 배웠다.

고등학생-대학생 때는 바야흐로 페이스북 전성기였다. "오늘은 ○○○ 님 생일입니다. 축하해 주세요"라는 알림으로 친구의 생일을 알게 된다. 그 당시에 나름 설렘 포인트가 있었는데 생일 전날 자정이 다가오면 알림을 꺼 놓았다. 다음 날 일어나서 알림을 확인하기까지의 그 설렘. 앱 로고 우상단에 표시된 숫자만큼 기쁨의 수치가 비례했다. 언제는 예상치도 못한 높은 숫자(관심)에 놀라 가족들에게 자랑까지 했었는데…. 당시 생일은 허례허식에 가까웠다.

코로나19 이후엔 생일 선물은 기프티콘이 되었다. 기프티콘이 생일 선물의 아이콘이 되었다니. 기프티콘과 함께라면 연락의 진입 장벽은 낮아진다. 축하의 도구. 나한테도 너한테도 부담스럽지 않은 소통의 창구. 5,000원 상당의 문상과 유사한 질적 가치를 지닌다. 문상이 디지털화를 거쳐 기프티콘이 되었나 보다. 반면 기프티콘에 진심인 사람도 있다. 어떤 사람은 3만 원 상당의 전통 막걸리를 보냈다. 웬 막걸리? 아, 나 술 좋아하지? 아, 저번 생일 때 내가 3만 원대 볼펜을 선물했었지?

역시 선물은 영어로 Give and Take다.

비타민

▽
내 몸에서
씨앗이 자란다

사무실 서랍에 건강을 심어 두었다. 창가와 거리가 먼 자리, 모니터가 뿜어내는 건조한 빛. 이 정도면 선인장조차 말라 버릴 수도 있지 않을까. 햇빛이 필요했다. 탁 트인 경치를 봐야 했다. 겨우 생각한 대안은 점심시간 산책, 주말 야외 운동이 아닌 비타민이었다. 비타민을 샀지만 내 의지로 이걸 먹는 날도 있다니 낯설었다. 비타민은 늘 누군가가 챙겨 줘야 먹는 거였는데. 시간이 갈수록 챙겨야 하는 사람이 많아진다. 가까운 지인에게 홍삼을 선물하거나, 비타민을 챙겨 주는 게 점점 익숙해진다.

아침마다 한 알 한 알 씨앗을 삼킨다. 건강을 품고 있는 씨앗. 사실 그 행방과 효능은 묘연하다. 비타민 포장 겉면을 보고 짐작할 뿐. 루테인은 눈 근처에, 오메가3는 혈관 곳곳에, 비타민C는 피부 속에 뿌리내리고 있다. 매일 먹어 줘야 하는데 어쩔 땐 귀찮아서 넘기고, 커피를 마셔야 하니 안 먹고, 종종 까먹는다. 그래서 그런 지 1년째 발아 상태. 언제쯤 푸른 초록한 이파리와 꽃의 정점을 볼 수 있을지. 아님 이미 새싹이 피었을 수도 있다. 역시 비타민은 약이 아니었다. 피로, 노화란 증상을 완치할 순 없을 것이다.

사실 그걸 바라고 먹진 않는다. 단지 걱정을 비우기 위해 비타민을 채운다. 우리에게 필요한 비타민은 자연에 있다는 상투적인 말이 있다. 밖에서 놀고 오라는 20년 전 어머니의 말씀이었다. 이젠 그녀도 수많은 종류의 비타민을 먹고 있다.

자연이 주는 비타민을 먹고 싶다. 수요일 오후 1시의 비타민을 먹고 싶다. 원하는 시간에 마음대로 산책, 운동할 수 있던 날이 그립다. 선크림을 매번 발랐던 날들. 유통기한이 가까워지지만 묵직한 선크림 표면의 먼지를 털어 낸다. 어느새 선크림은 미백 기능이 중요해졌다.

벚꽃

▽
완벽한
봄의 조건

빠르게 변하는 서울이지만 거리가 벚꽃으로 물드는 건 늦다. 늦어서 좋다. 미리 설렐 수 있으니까. 경주로 놀러 간 친구 인스타엔 벚꽃과 목련이 만개했다. 봄을 맞이하러 간 친구의 눈은 꽃으로 가득했다. 덩달아 산책을 하고 싶어진다. 아직 서울은 서늘하지만 다음 주 정도면 벚꽃이 다 피겠지, 한강을 가겠지, 사진을 찍겠지, 설렘을 기대한다. 벚꽃은 피지 않았지만 이미 내 마음에선 만개했다.

벚꽃은 자신의 모습을 살짝만 비춘다. 사람들이 자기를 질리지 않게 할 그 타이밍을 알고 있다. 봐도봐도 예쁜 벚꽃이 어떻게 질릴 수 있겠느냐만 어쩔 수 없다. 만개한 벚꽃은 찰나의 순간만 변하지 않는데 우린 그 찰나만을 기억하곤 한다. 변하는 건 시드는 순간일 벚꽃은 사람들의 만개한 웃음을 뒤로하고 시들 준비를 한다. 시드는 건 포기하는 게 아니다. 떨어지는 벚꽃 잎을 바라보는 벚꽃은 죽은 게 아니다. 핑크빛 거리를 만들어 흡족한 벚꽃은 노련한 것이다. 여전히 벚꽃은 사람들에게 사랑받고 있기에.

그렇게 벚꽃은 봄을 상징하게 된다. 모두에게 핑크빛을 선물한다. 핑크빛 봄, 핑크빛 사랑,

핑크빛 외로움. 추운 겨울 움츠러진 사람을 꽃잎 피듯 피게 한다. 앙다문 입술을 활짝 웃게 한다. 거리를 걷고 싶게 한다. 뭐라도 하게 한다. 핑크색이길 바라지만 아직 애매한 모든 것들에 갈망을 품게 한다.

이렇게 보면 봄은 생동감이 생기는 계절이다. 운동하기 딱 좋은 날, 무엇을 배우기 딱 좋은 시기, 새로운 친구를 만날 기간. 벚꽃처럼 짧지만 완벽한 계절이다.

곧 완전한 봄으로 바뀔 건데 나도 무언가 바뀌어야 되지 않을까. 삶의 지향점을 생각해 볼 시간이 왔다. 카피라이터가 되고 싶다는 게 나에겐 작은 목표일 줄 알았는데 생각보다 큰 부분을 차지하고 있었나 보다. 마치 대학에 붙었고 놀 거 다 놀아서 더 이상 뭘 해야 할지 모르는 대2병 걸린 무력한 대학생이 된 듯하다.

돈, 명예, 가족, 직업이 삶의 지향점이 아닌 어른이 있다면 무엇을 바라보며 살고 있을까. 벚꽃처럼 확신 있는 그분의 지혜를 살피고 싶다. 아님 오히려 아무 생각 없이, 아무 목표 없이 사는 사람들이 정답일 수도 있을까.

멍 때릴 시간이 필요해졌다. 무턱대고 걷는 시간이 간절해졌다. 마침 벚꽃이 필 것이고 아름다운 거리에 여러 사람들의 웃음소리와 말소리를 백색소음 삼아 걸어야겠다. 성찰의 끝을 갈 수 없더라도 체력의 끝이 오는 데까지 걷고 또 걸어 봐야겠다.

내가 고민하는 게 무엇인지, 그 고민이 고민을 위한 고민인 건지 나를 의심하며 비장하게 걸어 보자. 본인의 역할에 충실하고 있

는 벚꽃을 말벗 삼아, 어떻게 완전한 꽃이 되었는지 천천히 생각해
보는 시간을 가져 보자.

휴일

▽
드라마와
과자
정주행하는 날

요즘 드라마에 빠졌고 감정 몰입도 제대로다. 내가 원하는 행동이나 대사를 미리 생각한다. 그 짤막한 대사를 주인공이 내뱉을 때의 쾌감은 돌덩이 같던 나를 수준급 리액션을 가진 사람이 되게 한다. 한번은 지하철을 타고 출근 중 드라마를 보는데 꽤 슬픈 장면이 있었다. 글쎄 내 감정은 사막에 있는 줄 알았는데 어느새 오아시스처럼 글썽이더라. 순간 당황해 넷플릭스를 끄고 엄근진해지는 뉴스를 봤었다.

문학 관련 전공 교수 썰이 생각난다. 지하철에서 웹툰을 보고 울컥해 몰래 눈물을 훔치는데 주위 사람들이 이상하게 쳐다봐서 그냥 내렸다는. 나도 한때 그 썰을 듣고 웃기만 했는데….

휴일에 드라마 정주행을 하고 싶단 사람이 이제야 이해가 된다. 온전히 드라마만 만나지 않는다. 좋아하는 과자와 맥주 한 캔. 영화나 드라마 정주행할 땐 눈과 귀만 즐거우니까. 얼굴이라는 동네에 다 같이 살고 있는데 그 둘만 즐겁다는 건 입과 코가 외로울 수 있으니까 과자를 먹는다. 입을 즐겁게 해 주려다가 바삭바삭한 소리에 귀는 대사 들으랴, 바삭 소리 들으랴 정신없이 들뜬다. 밀봉되어 있던 과자의 향은 질소의 탄성에 힘입어 달콤 매콤한 향을 은은하게 퍼뜨린다. 과자는 역시 과학이다. 질소 함유량이 높은 이유는 코를 자극하기 위한 일종의 향기 마케팅을 계산한 게 아닐까.

우리의 손이 빨라지는 시간이 있다. 빨라지면서 똑똑해지는 날. 평일에 업무를 하는 용도의 손과 비교할 수 없이 스마트한 손. 휴일에 과자와 맥주를 즐기며 넷플릭스를 보는 시간. 왼손은 핸드 폰과 눈의 적정 거리를 지키며 닭목처럼 흔들림에 유연한 상태를 유지한다. 비바람이 몰아쳐도 굳건할 것 같은 왼손과 달리 오른손 은 꽤나 유연하다. 이미 과자와 맥주를 세팅했고 최대한 가루를 덜 묻혀 깨끗한 침대를 유지하는 미션을 상기한 채 빠르게 과자와 입 을 오간다. 업무를 과자 먹듯이 해야 하는데…. 역시 사람의 멀티 태스킹은 선택의 영역이었다.

어느 뉴스레터에서는 콘텐츠를 소개하면서 마지막엔 함께 먹 으면 좋을 과자를 추천해 준다. 〈2호선 세입자〉라는 연극을 소개하 면서 이렇게 말하는 식이다.

"가지각색의 사람들을 태우고 서울 곳곳을 누비는 2호선처럼, 알록달록 다양한 채소가 들어간 매력적인 봉지 과자야."

휴일에 할 게 생겼다. 〈또 오해영〉과 어울릴 과자를 먹으며 정주 행하기. 자기 속마음에 솔직하고 순수한 그냥 오해영과 무뚝뚝하 고 까탈스럽지만 그냥 오해영만 생각하는 박도경. 꼬일 대로 꼬인 상황에 처했지만 서로에 기댄 채 꾸역꾸역 살아가는 모습은 어떤 과자와 어울릴까. 어쩌면 바삭한 과자보다는 꾸덕한 쿠키가 어울릴 수도 있겠다.

명쾌하게 해결되지 않는 상황과 관계는 바삭거리기 힘들다. 한 입 물었을 때 마닐마닐한 꾸덕함이 필요하다. 다 먹고 나서도 입안에 남아 있을 것 같은 그런 기분. 이번 휴일엔 '쫀득 초코칩'을 먹으며 정주행을 마쳐야겠다.

여름

▽
인간에게
필요한 여름잠

사계절 단어 중 여름을 가장 애정한다. 여름. 외국인 친구가 생긴다면 처음으로 소개해 주고 싶은 단어. 여름의 'ㅇ'은 다른 자음, 모음 아래 쭈그리고 있지 않는다. 주눅 들지 않는다. 당당히 맨 앞자리에 서 있다. 솟아오르는 땀, 땀을 증발시키는 햇빛, 아지랑이와 겹쳐 눈에 아른아른하는 푸른 식물들, 간간이 찾아와서 더 반가운 바람. 이 모든 걸 품은 '여름'이란 단어를 'ㅇ'이 이끌고 있다. 첫인상이 중요한 걸 누구보다 더 잘 알고 있나 보다. 단단한 내공만큼 외적으로도 큰 'ㅇ'은 모진 곳 없이, 틱틱거리지 않는 순진한 인상을 준다.

'ㅕ'는 'ㅇ'이랑 만나 훨씬 매력적이게 보인다. 일상생활에서 자주 쓰지 않는 'ㅕ'지 않나. 어색할 만한데 특히 여름의 'ㅕ'는 익숙하다. 이게 낯설렘이란 감정일 것이다. 순둥순둥한 'ㅇ'과 낯가리는 'ㅕ'가 어울리니 부족함이 없는 모습을 이루고 있다.

중학교 국어 시간 때 김영랑 시인의 시를 배운 적이 있다. 여담으로 그분의 본명이 김윤식이지만 'ㅇ'과 'ㄹ'과 같은 유성음이 포함되게 개명했고 그의 시에서도 유성음의 활용이 활발하다란 것이 기억 한편에 남아 있다. 그도 모든 자음이 유성음으로 이루어져 있는 '여름'을 좋아하지 않았을까. 늠름한 '름'이 완벽함을 추구하고 있는 '여'를 밀어 주고 있으니 '여름'은 더 더욱 매력적이게 보인다. 굳게 닫힌 'ㅁ' 받침이 여름의 마무리를 깔 끔하게 정리해 주기도 하니 군더더기 없는 발음의 마무리까지도 좋다. 글자로서의 여름은 내가 애정하는 계절이다.

계절로서의 여름은 어떤가. 누구나 그렇겠지만 덥고 땀나는 걸 선호하지 않는다. 엄밀히 말해 내가 흘리는 땀은 반갑지만 강제로 흘리게 되는 건 반감이다. 여름은 잠깐의 순간을 반가워하는 계절 같다. 계속 덥다가도 가끔 불어오는 바람이 머리를 망쳐도 좋다. 땀 이 송골송골 맺힌 채 거리를 걷다가 올리브영에서 뿜어져 나오는 시원한 바람에 안도한다. 휴일엔 가끔 에어컨이 낼 수 있는 최저 온 도로 설정해 카디건을 입고 이불 속에 누워 있는 이 모순적인 순간 자체도 즐겁다. 이런 짧은 순간들이 있어야 여름을 버틸 수 있다. 행복의 길이가 짧다는 걸 느끼는 계절이다.

여름은 보통 6월에 시작해 8월에 끝난다. 하반기의 시작을 여 름과 함께하는데 머지않아 한 살 더 먹겠구나란 걱정의 그림자가 서서히 커진다. 허탈함과 아쉬움 그리고 왠지 모를 조급함. 여름의 온도와 맞물려 무기력증은 더 깊어진다. 무언가를 해야겠다는 강 박이 몰려와도 날이 더우니까란 핑계가 생긴다. 그 좋아하던 풋살 도 여름이면 잠시 쉬어 가기도 한다.

3분만 뛰어도 힘든 풋살인데 가만히 있어도 힘든 여름에 풋살까지 한다면 아마 극한의 트레이닝이 아닐까. 무엇이든 에어컨이 풀 가동되는 실내를 찾게 된다. 향기에 의지해 이리저리 꽃을 찾아 날아다니는 나비처럼 우린 냉기의 향을 찾아간다. 그곳에서 우린 잠시나마 겨울잠을 자는 상상을 한다. 동굴과 같은 냉기가 머무는 실내를 찾아다니며 커다란 움직임을 취하지 않는 우린, 눈을 뜨고 여름잠을 자고 있는 거나 마찬가지다.

이모티콘

▽
내가 그린
감정 그림

요즘 주위에 보이는 감정들은 이모티콘의 모습을 하고 있다. 기쁘거나, 슬프거나, 화나거나, 삐치거나, 웃기거나, 축하하거나, 아무 생각 없거나. 이모티콘 하나로 표현되곤 한다. 편리성에 입각해 단출해진 감정 표현. 달랑 이모티콘만 보내면 성의 없어 보이지 않을까 걱정하는 사람들을 위로하듯 갈수록 이모티콘은 복잡해진다. 모션이 있거나, 글자가 써진다거나, 화면을 꽉 채우거나. 말라 가는 감정들을 채우는 건 신상 이모티콘들이다.

이모티콘에도 존재감과 필요성은 명확하다. 대답하기 애매할 때, 귀찮을 때, 누군가 이모티콘으로 말을 걸 때, 바쁠 때. 이럴 땐 나름 이모티콘에 정성이 들어간다고 믿는다.

꽤 많은 정성을 들여 이모티콘을 선별하고 보낸다. 그것도 전 세계가 가지고 있는 공용의 이모티콘이 아니라 내가 투자한 감정 표현 대체재를 보낸다. 나 대신 격한 모션감으로 상대에 공감하고 리액션하고 자연스럽게 대화의 끝맺음을 지을 수 있다.

제제의 발그림, 이초티콘 4.
유일한 유료 이모티콘인데 여자친구가 귀엽

다고 선물로 줬다. 누군가 선물을 주면 구멍이 날 때까지 쓰는 성향이라 초반에 남발했고 지금도 적절한 시기에 잘 쓰고 있다. 귀여운 이모티콘이 보이면 구매하는 여자친구지만 막상 나와 대화할 때 쓰는 걸 못 봤다. 나 말고 다른 친구들한테 쓰는 건가…?

여하튼 우리는 이모티콘으로 감정을 표출하기보단 어쩌다 보니 느낌표로 감정을 공유하게 되었다. 이분법적이다. 평소엔 느낌표 한 개, 기쁘거나 놀라울 때 느낌표 두 개 이상이 있다면, 기분이 좋지 않을 때는 느낌표가 비어 있다. 하나의 시그널이 되었다.

소설가 김영하가 강의 시간에 이런 말을 했다고 한다. 소설을 쓸 때 '짜증난다'라는 단어를 사용하지 말라고. 짜증이란 단어는 수많은 감정을 함축하고 있어 답답하거나 화나거나 슬프거나 심지어 웃길 때도 사용할 수 있으니까.

그와 카톡으로 대화해 보고 싶다. 이모티콘을 쓸까? 만약 사용한다면 어떤 경우에, 왜 쓸까. 그도 바쁘거나 귀찮거나 대답하기 애매할 때 하나의 매크로처럼 활용할까? 아마도 그는, 내가 믿고 있는 그는 어떠한 경우라도 완성된 단어와 말로 대답을 할 것이다. 바쁘다는 뉘앙스가 담긴 대답을, 귀찮거나 애매하다는 뉘앙스의 감정 표현을 어떻게든 구현할 수 있겠지?

어떠한 상황에서도 글은 하찮은 게 아니니까. 이모티콘에 정성 들여 나름 감정 표현을 한 것이라고 자기 합리화했던 나를 반성하게 된다. 그래도 글 쓰는 직업에 종사하고 있으니까 짧더라도 풍부하고 광범위하게 감정을 담아 표현해 보자란 원대한 다짐을 한다.

⊕

산 책

▽
데이트,
아이데이션,
운동의 다른 이름

6월 19일은 세계 산책의 날이다. 본인의 삶을 산책하듯 여유롭게 즐기라는 취지로 만들어졌다고 한다. 산책은 만능이다. 나와 여자친구에게는 데이트, 상무님에게는 아이데이션의 시작, 어머니께는 운동, 친구에게는 휴식. 모두들 나름의 목적으로 산책하고 있다. 물론 목적 없이 걷는 것도 산책이라 할 수 있으니 산책은 여유로움의 표상이지 않을까.

회사가 갑갑해지는 시간대가 있다. 오후 3시에서 4시 사이. 점심시간에 마신 카페인의 효능이 떨어질 때, 눅눅해진 커피 컵홀더 뒤에 있는 애꿎은 얼음들만 휘적거릴 때 운동화로 갈아 신고 잠시 산책을 한다. 바로 옆에 있는 넓은 공원을 뒤로한 채 회사 뒤편에 있는 산책로를 걷는다. 신기한 게 그 공간은 날씨가 좋을 때도 늘 그늘이 져 있다. 업무와 상관없는 곳이라 그런가?

오히려 주말보다 평일에 산책을 한다. 우리 팀은 점심 먹고 나서 늘 산책을 가는 편인데 회사 최대 복지가 공세권이라 할 정도로 공원이 3분 거리에 있어서 저절로 발길이 향한다. 가끔은 산책을 핑계로 공원 너머에 있는 스타벅스를 간다. 바람 한 점 없고 햇빛 쨍쨍한 날에 갔다 오면 풋살 한 쿼터 된 정도의 피로감이 생기지만 대신 스벅 커피가 생겼으니 괜찮다.

근래에는 술 약속 잡기 바빴지만, 지나간 봄의 저녁에는 자주 산책을 했었다. 다음 날이 연차거나 주말이면 밤늦게까지 걸었다. 당현천과 중랑천 사이. 어머니들이 좋아할 만한 가지각색의 꽃들을 옆에 두고, 거뭇거뭇한 하천이 흐르는 방향 따라, 걷는 게 지루할 때까지 걸었다. 야심한 밤에도 분주한 차들의 소리와 대비되는 적적한 한적함이 좋았다.

점심에도 산책하기 힘들 정도로 바빠졌다. 바빠지니 피곤해지고 운동도 못 하고 산책은 바라지도 못 한다. 못 하는 게 많아지니 스트레스도 늘어났고 몸무게는 줄었다. 오랜만에 만난 여자친구와 여자친구의 부모님도 첫인사가 "살 많이 빠졌네"였다. 뱃살도 같이 빠지면 좋을 텐데…. 돌아온 여자친구 덕에 앞으론 주말마다 핫플 산책을 할 수 있겠다. 아무리 바빠도 주말엔 술을 마셨는데 뱃살을 부풀렸던 술배를 산책으로 잠재워야겠다.

우산

▽
뒤끝 없는
엑스의 표본

무언가를 잃어버린다는 것도 습관이 된다. 소나기가 내린다는 소식을 듣고 챙긴 우산을 지하철 선반에 놓고 내려도 심장이 철렁하지 않는다. 습관이 된 듯 점점 덤덤해진다. 아끼는 우산이 아니라서는 아니다. 이미 우산이란 건 잃어버려도 아쉽지 않은 손재가 되었나 보다.

우산을 왜 계속 잃어버릴까? 장마처럼 우산이 꼭 필요할 때는 잃어버리진 않는다. 다만 소나기가 내리는 날, 오후에 올 비를 대비해 챙긴 우산은 짐덩이다. 바닥에 던져 놓거나 선반에 올려두거나 넷플릭스 보고 멍 때리다가 빈손으로 나온다. 밖에 사람들이 우산을 들고 있는 모습이 보일 때가 되어야 혼자 지하철을 타고 종착역으로 유유자적 가고 있는 익명의 우산이 생각난다. 버려지지 말고 차라리 마침 우산이 필요했던 누군가에게 갔길 바란다.

물건을 잘 잃어버리진 않는다. 워낙 부가적인 물건들을 갖고 있지 않아서이기도 하고 커플링 말고 다른 액세서리도 없다. 회사 갈 때도 가방 안에는 수첩, 펜, 지갑이 전부. 주머니엔 에어팟, 립밤, 손엔 핸드폰. 친구들 만나러 갈 땐 더 단출하다.

그래서 뭐가 없어지면 눈에 잘 띈다. 왼쪽 주

머니에 항시 상주해 있는 에어팟과 립밤은 이제 없으면 허전하다. 거실에서 티비를 볼 때 호두를 꽉 쥐는 것처럼 가끔 아귀에 힘을 준다. 에어팟만 있으면 무언가 잡는 맛이 없었을 텐데 기다란 립밤을 포함하니 왠지 모르게 잡는 맛이 있다.

장마가 시작된 지 얼마 되지 않아 잃어버려진 걸 가만히 바라본 적이 있다. 야근을 마치고 사수와 택시를 타고 가다 내렸는데 빗소리와 다른 가벼운 충돌의 소리가 났다. 플라스틱 재질이 단단한 것과 부딪히는 소리, 바로 왼쪽 주머니에 손이 갔다. 예상대로 텅 비어 있었다.

파동을 일으키는 빗방울들 사이에 하얀 에어팟과 립밤을 찾아봤다. 흐르는 빗방울의 종착지, 하수구가 있었고 더는 두리번댈 필요가 없음을 직시했다. 가로등 빛에 반사되는 하얀 립밤의 등장감. 어둑어둑한 하수구에 대비되어 너무나 잘 보였다. 에어팟은 어딨을까, 한참을 기웃거리며 봤지만 없었다. 다행히 에어팟은 택시에 흘린 것이었고 다음 날 재회하게 되었다.

잃어버린다는 건 얼마나 억울한가. 누가 훔쳐 가기라도 했다면 누군지는 몰라도 그 사람을 원망할 수는 있겠지만 잃어버리고 나서 없어졌음을 깨달을 땐 참 허무하다. 다시 그 물건을 살 땐 괜히 다른 제품을 사게 된다. 허락 없이 사라졌으니까. 그 제품에 드러내는 일방적인 서운함의 표현이다. 이런 서운한 표정 앞에는 당황함과 걱정하는 표정이 선행된다. 누군가가 짓는 그 표정을 보기만 해도 서늘함을 순간 공유하게 된다. 내 것을 잃어버린 듯 살짝 화까지

난다. 심지어 내가 사 준 물건도 아닌데 있어야 할 곳에 없는 그 공백이 무언가 아쉽게 느껴진다. 우리 모두 그 허탈한 감정에 대해 겪어 봤고 알고 있으니까.

지하철에서 주인 없이 덩그러니 걸쳐진 우산을 볼 때는 여러 감정이 스친다. 그동안 내 손을 거쳐 갔던 수많은 우산들이 생각남과 동시에 밖에 비가 오고 있지 않길 바랐던 대략 3,000원 정도 편의점 우산 가격에 버금가는 기대감도 잠시 스쳐 지나간다.

동네

▽
발길 가는 곳?
닮고 싶은 곳!

그 사람의 향기엔 그 사람이 살고 있는 동네가 묻어 있다. 태어난 동네, 태어난 김에 살아온 동네, 스스로 결정한 동네.

본인의 의지치가 담겨 있지 않은 곳에 동화될 것인가, 내가 닮고 싶은 곳으로 가 새로운 삶을 추구할 것인가. 은연중에 이런 고민을 하고 있다면 독립을 다짐하고 예정하고 있을 테다. 그동안 나에게 입혀졌던 친숙하고도 자연스러웠던 고향의 향기를 털어 내고 처음엔 낯선 향에 적응하기 힘들겠지만 좋아했던 추상적인 향기를 입을 수 있는 동네의 향기에 적응하고 싶을 테다.

내가 닮고 싶은 동네는 어떻게 찾을 수 있을까. 이곳저곳 다닐 수밖에 없다. 8차선까지 펼쳐진 도로도 가 보고 멀리서 자전거가 달그락 오면 빨간 벽돌에 밀착해 자리를 비켜 줘야 하는 비좁은 골목까지. 조명 하나 켜져 있지 않은 해가 쨍쨍한 낮에도, 형형색색 조명만에 의지한 불 꺼진 매장이 즐비하는 저녁에도 시간의 차이만 있을 뿐인데 내가 알던 곳이 맞나 의구심이 들 정도로 익숙지 않으니까.

소리도 확연히 차이가 난다. 오전 11시 번쩍거리는 핫플이 있는 동네에 온 사람들이 겹쳐진 소리와 불 꺼진 핫플 건너편 주거지역이 있는 그 동네의 오후 11시. 모처럼 한적함이 찾아와 새벽이라 착각했는지 차디찬 새벽의 공기가 유독 일찍 찾아온다.

핫플을 좋아하는 여자친구 덕분에 서울 곳곳을 가 본 것 같다. 핫플의 종류는 다양하다. 클럽처럼 굉장히 시끄러운 곳이 있는가 하면 조용히 사색을 즐겨야 하는 곳도 있다. 다만 하나같이 똑같은 게 있는 게 바로 가격. 이 가격이 참 못생겼다. 그래도 늘 새로운 경험을 돈 주고 사는 거니까란 아주 상투적인 위로를 한다.

어느 순간 핫플에 가면 그곳을 즐기는 것보단 주위 사람들을 보는 재미가 생겼다. 저 사람 무언가 분위기가 있는데 신발은 뭘 신었는지, 가방은 뭔지, 주로 무슨 말을 할지. 세상에 개성 있는 사람들의 집대성은 역시 핫플이었다.

저녁에 의자와 침대를 사지 말란 말이 있다. 고된 웨이팅 끝에 먹은 음식과 커피는 그 무엇보다 맛있고 치열한 경쟁률을 뚫고 쟁취한 핫플에 자리하게 되면 그 무엇보다 뿌듯하지 않나. 핫플이 핫플일 수밖에 없는 이유가 여기에 있는 듯하다. 실제로 노티드 도넛이 한창 핫할 때 웨이팅이 길어 포기했던 때가 있었다. 그러던 어느 날 회사에 노티드 박스가 덩그러니 있었는데 협업 업체에서 가져왔다고 하더라. 바로 도넛을 집어 먹어 봤는데 딱히 감흥이 없었고 지금도 노티드를 평범한 도넛 가게처럼 여기고 있다. 그때 웨이팅을 포기하지 않고 도넛을 한입 먹었더라면 인생 도넛이 되었지 않았을까.

요즘은 핫플이 있는 동네에 관심이 간다. 여러 페르소나를 가진 곳, 성수동과 한남동. 주위 시선 신경 쓰지 않고 적당한 선을 지키는 세상 힙한 사람들이 살고 있는 지역. 울퉁불퉁한 보도블록 위에서 보드를 타기도 하고, 침을 질질 흘리는 골든리트리버와 땡그란 눈으로 지나가는 사람과 '아이 컨택' 하는 비숑과 산책하고, 형광색 민소매와 반바지를 입고 팔뚝에 흘러내린 땀을 식히며 조깅하는 사람이 동네 주민인 거기. 어쩌면 그곳은 핫플을 창조하는 사람들이 사는 곳이 아닐까. 이 또한 핫플의 허상과 비슷할 것이다.

내가 살고 싶어 하는 그 동네 역시 핫플의 기다림과 애착처럼, 지금은 살 수 없기 때문에 모든 게 멋져 보이고 닮고 싶어 하는 등 그곳을 동경하고 있지 않을까.

국밥

▽
오(늘)
점(심)
국(밥)
고?

새롭고 낯선 경험이 즐비한 스무 살 새내기 시절. 음식에 대한 새로운 기억도 폭발적으로 증가한다. 선험적인 상차림의 구성. 3첩, 5첩, 7첩 반상 레이아웃을 띤 급식과 집밥 범주에서 벗어나 오직 메인 음식 하나만 즐기는 경우가 더 많아진다.

아예 새로운 식사 방법이 생기는데 사람들은 그걸 반주라 불렀다. 술 한잔하면서 먹는 음식. 술 마실 시간도 부족한 새내기 시절, 반주를 배웠고 국밥을 먹었다. 뜨거운 김을 내뿜는 국밥 옆엔 늘 차가운 땀을 흘리는 소주가 있었다.

실내보다 야외가 좋았던, 전공보다 비전공이 좋았던 그땐 해가 떠 있는 낮보단 본래 어두운 우주를 환히 비춰 주는 밤이 더 좋았다. 밤처럼 솔직한 게 어디 있겠는가. 눈부신 햇살에 고개를 내려야만 했던 낮과는 다르게 고개를 당당히 들고 손가락질하면서 하늘에 있는 별의 개수를 셀 수 있다.

헐벗은 우주처럼 밤이 되면 우리도 솔직해진다. 술 한잔 더 곁들이면 피부는 점점 투명해진다. 투명색 피부는 온종일 유지할 수 없다. 시간이 갈수록, 해가 존재감을 비출수록 투명색은 더 이상 보호색이 될 수 없다. 햇살처럼 약간의 노란

빛을 몇 방울 떨어뜨린 듯한 피부로 돌아와야 한다. 그땐 늦은 새벽일지라도 유일하게 불이 켜져 있는 국밥집에 간다. 술은 술로 깨야 한다는 선배의 말과 함께 해장을 위한 술을 마신다.

국밥. 맛도 맛이지만 그 자체로 완전한 네이밍 아닌가. 한 끼 식사에는 모쪼록 국이랑 밥이 있어야 한다는 어르신의 걱정을 단번에 해결할 수 있다. 국, 밥. 이처럼 든든한 음식 이름이 더 있을까. 이름뿐만이 아니다. 돼지의 여러 부위가 적절히 배분되고 순대까지 곁들여 있다. 고기는 채소와 같이 먹어야 한다는 걱정을 엿들었는지 파, 부추 등 심심하지 않게 고기와의 비율을 맞추고 있다.

음식에서만큼은 취향이 확실하게 갈리기에 국밥은 애초에 간이 되어 있지 않은 채 나온다. 본인의 기호에 맞게 드시라. 소금을 넣든, 새우젓을 넣든, 새빨간 다진 양념을 넣든. 외국에 써브웨이가 있었다면 한국엔 국밥이 있었다.

여자친구를 만나기 전 국밥은 항상 학교 앞이나 집 근처 늦은 시간까지 문을 연 체인점에서 먹었다. 그저 국밥은 소주를 맛있게 마시기 위한 음식이란 생각이 컸을 때였다. 아직 진정한 국밥인이 아닌 흉내만 내고 있었다.

부산 출신인 여자친구는 국밥을 좋아했다. 도서관에 가서도 근처 국밥 맛집에서 점심을 먹기도 했고 강남의 파스타집 대신 수유역 골목에 있는 국밥집에 가곤 했다. 같이 부산에 내려가서는 도착하자마자 국밥 맛집으로 향했고 여자친구 부모님을 만난 날도 국밥을 먹으러 갔다. 소주 없이 오로지 국밥만 먹어도 충분했다.

회사 앞 유명한 국밥집이 있다. 간판도 딱 맛집 포스를 풍긴다. 할머니 증명사진과 옛날 글씨체의 간판, 무언가 너저분한 입구, 메뉴판엔 뼈해장국도 없는, 오로지 국밥과 순대만 파는 곳. 맛집의 아우라가 가득하다.

회사 동기 중에 국밥을 좋아하는 친구가 여럿 있다. 점심을 같이 먹는 날에 따로 생각나는 게 없으면 자연스럽게 국밥십으로 향한다. 회사라 그런지, 아직 연차가 쌓이지 않아서 그런지 소주는 생각나지 않는다. 아무 생각도 하기 싫은 점심엔 후딱후딱 만들어지고 먹을 수 있는 국밥이 생각날 뿐이다. 국밥처럼 완전해지는 날이 오길 바라며 다진 양념을 허연 국물에 풀고 있다.

바다

▽

바다는 밀물보다 썰물의 힘이 더 큰 게 분명하다. 휴가철이 되면 바닷가로 직진하는 자동차들, 바다 뷰가 보이는 카페에서 바다의 광활한 풍경에 자연스레 카메라를 들이미는 사람들, 햇빛의 온도를 그대로 품은 모래가 뜨거웠는지 준비운동을 대충 마치고 파도를 거슬러 풍덩 빠져드는 우리들. 썰물의 힘이 우리를 끌어들인다. 파도가 부서지는 쾌감을 다시금 느끼기 위해 바다 앞 1열에 앉는다.

휴가를 내고 바다를 갔다. 이번엔 바다를 다방면으로 즐길 수 있었다. 바다를 안주 삼아 커피를 마시는 건 기본, 바다로 뻗혀 가는 길의 끝에 도착해 해수욕하는 사람들을 바라보기도 했다. 파도를 향해 달려가는 아이들. 이번 휴가에서 가장 기억에 남는 순간이다. 또 오랜만에 입수를 했다. 바나나 보트 말고 파도를 타기 위해 수영복을 입은 건 정말 오랜만이다. 역시나 바다의 짠맛은 예전이나 지금이나 그대로였다.

바다와 날씨가 만나면 관대해진다. 구름에 관철되지 않은 자외선 백 퍼센트의 눈부신 햇빛에도 바다는 열을 식혀 주거나 태닝을 위한 적합한 도구가 된다. 비가 올 때는 이왕 비 맞을 거 시원하게 맞으며 수영을 즐길 수 있겠다는 워터파

크의 기분을 갖게 한다. 탁한 햇빛에 선크림을 안 발라도 피부 탈 걱정 없겠다는 안도감이 든다. 추운 겨울에는 바다를 본 적은 드물 지만 이런 생각을 할 것 같다. 꽁꽁 언 내 몸과 강물과 달리 얼지 않 는 바다의 유동성을 보고 그 한결같음에 대해 생각해 볼 것 같다.

바다를 매년 가지만 아직 못 해 본 게 많다. 스쿠버다이빙, 비치 발리볼, 바다 깊은 곳에서의 스노클링 등. 사람들이 바다를 좋아할 수밖에 없는 게 이런 이유인가 보다. 휴식도 할 수 있고 액티비티도 가능하다. 밀어냄과 끌어당김을 항상 하고 있는 바다는 사계절 내 내 우리에게도 밀당을 하고 있다.

어렸을 때 상투적으로 쓴 '바다'라는 단어는 하늘만큼 깊이 있 는 최상급 표현이었다. 얼마만큼 본인을 사랑하냐는 부모님의 질 문에 "하늘만큼, 바다만큼"이라 했던 건 그때나 지금이나 할 수 있 는 최고의 표현이었다.

양말

패션의 완성은 무엇인가. 고급 시계? 얼굴? 시계는 고관여 제품이라 하나의 기준점으로 잡기는 어렵고 얼굴은 선천적이라는 제약과 예능에서 농담으로 쓰이는 게 아닌가.

저관여 제품에다 특수한 상황을 제외하고는 대부분 착용하는 양말을 패션의 완성이라 할 수 있지 않을까. 양말까지 신경 쓴다는 건 곧 섬세함까지도 보여 주니까. 패션은 디테일로 완성된다고 하지 않나. 양말과 가방 색의 깔맞춤이던가 넥타이의 문양, 재킷 단추 등 어쩌면 나만 알 수 있을 법한 스케일의 디테일을 꽤 신경 쓴다. 장인 정신이 깃든 것처럼.

흰 양말. 대략 4년 전인가 배우 류준열이 흰 양말을 무척 좋아한다는 인터뷰가 있었고 그걸 보고 생애 처음의 양말 쇼핑을 했었다. 양말 하나에 이렇게 비쌌구나… 하얀색도 다 같은 하얀색이 아니었다. 누런 하얀색, 린스를 과다 투여한 듯한 하얀색. 또 길이도 마찬가지다. 아킬레스건을 가리는 길이, 반스타킹 정도거나 과하다 싶을 정도의 길이까지. 이처럼 양말에도 가지각색 포인트가 있고 다른 옷과의 매치를 위한 판가름에서 양말의 길이는 패션 철학의 깊이와 비례하는 듯하다.

확고한 철학이 있는 사람의 양말은 자기주장이 강하다. 형광색이거나 형형색색 줄무늬거나 스타킹처럼 길거나. 아직 내 양말은 무지 흰색에 정강이까지만 올라오는 클래식한 단계이다.

양말에선 길이만 중요한 게 아니다. 구멍이 난 양말은 치명적인 오류에 속한다. 한 치의 구멍은 사회가 용인하지 않는 듯하다. 애석하게도 시스루 티셔츠의 구멍은 과감함, 찢어진 청바지의 구멍은 화려함이라 하지만 구멍이 난 양말의 구멍은 초라함이다. 괜히 양말 끝을 당겨 발가락과의 공간을 둔다. 사무실에서 슬리퍼를 신고 종일 돌아다니다가 어느 순간 양말에 구멍 뚫린 걸 마주한 기분은 마치 남대문이 열려 있던 때와 유사하다. 양말의 구멍이 몸 전체를 집어삼킨 듯하다.

양말로 인한 초라한 감정은 남의 양말에서도 표출된다. 아킬레스건뿐만 아니라 발바닥의 절반 이상이 보이게끔 걸쳐진 양말을 보면 누군지 모를 그분에 대한 허술함이 느껴진다. 이상하게도 동시에 안정감이 느껴진다.

카페에서 누군가 신발을 벗고 양말을 반쯤 벗은 채 책을 읽는 것을 본 적 있다. 미묘한 기분이 들었는데 그게 바로 허술함과 안정감 그 중간이었다. 공공시설에서 볼 수 있는 이색적 풍경의 놀라움과 안방을 보는 것 같은 왠지 모를 편안함 때문인가. 사람의 기반은 말 그대로 발바닥이 아닌가. 나 말고 다른 사람의 발바닥을 세심히 볼 수 있는 경험은 드물다. 그래서 카페에서 책을 읽고 있는 그분의 발바닥의 잔상이 아직까지 이미지로 남아 있나 보다.

발바닥의 충격에서 벗어나 다시 양말에 집중해 본다. 양말은 다른 옷과는 달리 오직 한 겹이다. 반팔 위의 셔츠, 속옷 위의 바지, 양말은 오직 하나. 다른 것과 레이어드 하지 않는 의류라 할 수 있다.

이렇게 독자적인 양말이라 그런지 착용과 탈의 순서도 명확하다. 뭐 바지나 상의를 입는 순서는 사람마다 다르겠지만 양말만은 비슷하지 않을까? 나도 그렇고 친구들을 관찰해 본 결과 가장 나중에 신고 가장 먼저 벗더라. 심지어 양말을 신고 벗을 때의 몸의 움직임의 크기가 상대적으로 크다.

어딘가에 앉아서 양말을 신어야 한다. 이 조그마한 양말을 위해 무릎을 가슴에 붙이고 행여 삐져나온 발톱에 걸리지 않도록 세밀한 손놀림으로 양말을 신는다. 하지만 벗을 땐 고된 하루의 발자취를 털어 내듯 훌훌 벗어 낸다. 그래야 하루 종일 마음속으로 찾았던 침대에 누울 수 있고 집에서만 뿜어져 나오는 안도감이라는 향수를 맡을 수 있게 된다. 이 삶의 안정감은 양말을 벗어야 시작된다.

달력

▽

추진력,
추리력,
상상력이자
기억력

달력엔 힘이 있다. 다음 해의 달력을 받을 땐 내년의 삶을 더 알차게 살아 보고자 하는 힘이 생기기도 하고 빠른 속도로 달력을 넘겨 가면서도 동시에 누적되고 있는 힘도 있다. 눈에 걸리는 빨간날을 마주칠 때마다 연차와 휴가를 계획하고 있는 그 추진력과 상상력이 그 힘이다.

달력의 처음과 끝이 갖는 힘의 의미도 다르다. 새해 다짐과 같은 미래 지향적이자 낙관적인 힘의 1월. 과거를 회상하고 가끔씩 따가웠던 기억도 더듬어 보고 세월의 빠른 흐름을 한탄하기도 하는 등 차분함을 머금고 있는 12월의 힘. 그 둘의 온도는 같은 겨울이지만 시작과 끝이라는 단어의 온도를 담아내고 있는 듯하다.

달력엔 추진력이 있다. 텅 빈 달력을 보면 왠지 모르게 채워 놓고 싶은 갈증을 느끼게 한다. 그렇다고 공백을 메우는 용도로 약속을 잡진 않겠지만 어쩌면 공백에는 무언의 힘이 있다.

괜히 연달아 비어 있는 주말의 일정은 이번 기회에 자기계발이라도 해야 하나란 생각의 기회를 마련해 준다. 비어 있는 달력을 채우기 위해 덜 채워져 있는 역량을 찾게 된다. 그래서 사람들이 1월만 되면 수많은 자기계발 계획을 세우는 걸까. 텅 빈 달력이 주는 작지 않은 불안감에 힘입어 본인의 역량을 키워 줄 수 있게 추진력을 발휘하게 된다.

달력엔 추리력도 있다. 12월쯤 되면 회사에서 달력을 배부한다. 제발 빨간날이 평일에도 두루두루 있길 바라며 1월부터 차근차근 넘긴다. 생각보다 빨간날의 활약이 부진할 때 지극히 소망적인 행복 회로를 원천으로 한 추리력이 발산된다.

"아…. 어린이날이 주말이네? 그럼 대체 공휴일이 금요일일까, 월요일로 해 주겠지? 아님 회사에서 센스 있게 단체 연차를 마련해 주지 않을까? 그렇게 되면 휴가는 이때 사용하는 게 알짜배기겠다."

휴가와 연차를 더 알차게 쓰기 위한 추리력이 모습을 보이지만 그 힘은 얼마 가지 않는다. 항상 예상과 어긋나는 단체 연차의 통보와 대체 공휴일에 느끼는 배신감만큼은 신기하게도 미리 추리하진 못한다.

달력엔 상상력도 있다. 달력을 받은 지 10분도 안 되어서 벌써 부산행 비행기를 탈 준비까지 할 수 있다. 상상은 자유니까. 마음만으로는 휴가 결재를 올려놓았다. 상상은 끝도 없는 상상이니까. 작년엔 미국을 갈 생각까지 했으니 국내 여행 정도야 가뿐하게 생각할 수 있지 않을까. 여자친구의 생일, 가족의 기념일의 모습도 그려진다. 그날이 평일이냐 휴일이냐부터 확연히 차이 날 것이다.

각각의 기념일을 기입함과 동시에 그날의 내가 어디쯤 있을까 상상해 본다. 사무실만 아니길, 방구석이어도 좋으니 회의실만은 아니길. 기념일만은 당사자와 축하할 수 있는 환경이길 바라며 달력을 제자리에 놓는다.

 달력엔 기억력까지 있다. 카톡 대화 기록처럼 지난 달력을 보면 그날의 일이 기억난다. 세세한 그날의 기억은 나지 않지만 몇 월이 바빴는지 한가했는지 달력을 복기하다 보면 한눈에 보인다. 정사각형의 틀 안에 저힌 여러 일정들이 꽉꽉 채워저 있거나 중요한 일정을 표기하는 표식인 형광펜이 빈번히 보인다면 정신없었던 그달의 기억들을 읽는 것 같아진다.

 검은색 글씨로 가득한 일정들은 이제 소명을 다했다. 돌이켜 보면, 필기한 만큼 메모한 만큼 흰 공백에 가까웠던 내 업력에 타투처럼 검은 의지를 채웠던 것이다.

노래방

▽
마음의
공감각적 심상

노래방은 어쩌면 신기한 장소다. 우리가 낼 수 있는 가장 큰 소리를 내는 곳. 노래방에서의 소통은 목소리로만 가능하다. 요즘 대화 방식인 엄지의 대화, 카톡은 노래가 되지 못한다. 감정을 실컷 담아 성대 부근의 근육이 떨릴 만큼 목소리를 낸다. 따끔하고 목이 막히는 걸 느끼는 동시에 속 시원하다.

내가 쓴 가사는 아니지만, 쫓기듯이 흘러가는 대로 읽었을 뿐이지만 가사의 화자가 된 듯, 원래부터 나를 위한 노래인 듯 툭툭 뱉게 된다.

인생에는 본인의 목소리를 크게 내지 못할 때가 다분히 있다. 가령 사회 초년생, 입문자와 같이 시작한 지 얼마 안 되었다면 더더욱 그렇다. 속으로만 생각하고 말하고 삼키고, 그렇게 응어리가 진 말들로 가득한 마음이 노래가 되는 곳이 생뚱맞게도 노래방이 될 수도 있다.

심지어 노래방은 움켜 들은 마음을 닮았다. 부스를 보면 방음 처리가 된 벽들로 둘러싸여 있고 실컷 소리 지를 수 있는 마이크와 스피커가 준비되어 있다. 소리를 마음껏 질러도 나만 들린다. 신랄한 소리를 내뱉어도 나만 들린다.

노래방은 더 이상 시설이 좋아지면 안 된다. 시설이 좋아질수록 응어리를 풀어낼 노래방에 의존하지 않을까. 누구랑 있든, 어디에 있든 목소리를 내야 한다. 마음속에 꿍하고 구석에 방치하는 게 아니라, 혼자 말하고 듣는 게 아니라 그 누구에게라도 목소리를 내야 한다.

그럼에도 불구하고 노래방은 가야 한다. 인기 차트를 보는 재미는 과장해서 말한다면 시대의 트렌드를 직접 눈으로 볼 수 있는 몇 안 되는 기회이기 때문이다. 음악 스트리밍 플랫폼에서 보는 실시간 차트와 상당히 차이가 난다. 실시간 차트에 상위권에 놓인 곡들만 봐도 그렇다. 아이돌 음악이 판치는데 들어 본 적도 없는 곡이 다수이다. 그런데 1등이나 2등을 차지한 곡들을 보면 이게 요즘 시대의 대표성을 띠고 있는 노래라고 볼 수 있을진 잘 모르겠다. 물론 취향 차이겠지만 실시간 차트는 내 취향과는 거리가 멀다는 건 확실하다.

듣기 좋은 곡과 부르고 싶은 곡은 따로 있나 보다. 둘 중에 어떤 게 더 의미가 있냐 물어본다면 후자라 답하고 싶다. 부르고 싶다는 생각이 드는 음악이면 듣고 싶다란 욕망을 뛰어넘는 음악적 존재감이 있다는 것이 아닐까. 실시간 차트 대신 노래방 인기 차트가 스트리밍 플랫폼 대문을 장식하고 있으면 좋겠다. 요즘 사람들이 자주 부르는 노래. 부르고 싶어 하는 노래. 연습하고 싶어 하는 노래가 시대의 목소리를 담았다고 볼 수 있지 않을까.

인기 차트를 내리다 보면 오래된 노래지만 항상 상주하고 있는 노래가 있다. 이 노래 제목의 또 다른 이름은 명곡이다. 명곡은 자주 되뇌고 부르고 싶고 잘 부르고 싶어 하게끔 하는 매력이 있다.

낙성대에 자주 갔던 코인노래방이 있다. 사람이 많지 않고 카드로도 결제가 되는 이로운 곳이다. 몇몇 사람들이 무슨 노래를 부르고 있는지 알 수 있는 자기주장이 강한 멜로디가 있는 곳이다. 익숙한데 신선한 노래가 들렸다. 한번쯤 불러 보기도 했고 어릴 때 장작불 쬐면서 가사를 곱씹으며 들었던 노래.

"아무리 우겨 봐도 어쩔 수 없네~. 저기 개똥 무덤이 내 집인 걸~."

신형원의 〈개똥벌레〉를 20대의 한 남자가 목소리에 주름을 잔뜩 넣고 간드러지게 부르고 있었다. 이 노래 무언가 동요처럼 순수한 느낌을 담아 불러야 하는 거 아니었나라는 이색적인 충격에 빠졌다.

'저렇게도 부를 수 있어?'

여자친구와 동시에 얼굴도 모를 가창자의 실력에 놀랐다. 다음 날 인스타그램을 보다 이무진 신곡이 나온다는 게시물을 봤다. 〈개똥벌레〉를 부르고 있는 영상이었는데 그 순간.

'설마…, 이무진이 낙성대 코노를…?'

당연히 아니겠지만 덕분에 좋은 엔딩 곡 하나를 얻게 되었다.

"가지 마라, 가지 마라, 가지 말아라. 나를 위해 한 번만 노래를 해 주렴~."

이 노래엔 노래방 기계의 애환이 담겨 있어 보인다.

장난

▽

미소는
장난을 닮았다

장난칠 수 있는 관계는 비밀을 공유할 수 있는 사이일 테다. 어른이든 아이든 장난기 있는 모습은 늘 생기를 띠고 있다. 언제 발산될지 모를 그 생기를 품고 있는 사람들의 대화를 지켜보면 금방이라도 웃음이 튀어나와도 어색하지 않을 장면들로 이뤄진다. 광대가 돌출된 채 이어지는 대화의 티키타카.

장난의 종결은 '잠시 정적'으로 이뤄진다. 정적을 마주하는 순간은 이럴 때다. 웃음으로 뒤범벅된 티키타카를 하다 보면 누군가가 그들이 암묵적으로 정해 놓은 수위의 마지노선을 침범하게 되고 주위의 야유로 일단락되는 장난은 그렇게 휘발된다. 어쩔 땐 야유는 더 큰 부정의 상황을 예방해 주는 기능을 갖고 있기도 하다.

우린 왜 장난을 '~친다'라고도 할까? 장난은 '~한다'로만 포용하기는 부족해 보인다. 상대의 감정을 시각화시키기엔 최고의 장치이지 않을까. 무뚝뚝해 보이는 표정에 보조개를 더할 수 있는 방법이 될 수 있다. 반대로 신경질의 강도를 드러내는 미간의 주름이 더해지는 걸 볼 수도 있다. 이런 측면에선 '사고친다'의 맥락과 같을 것이다.

눈치를 빼먹은 장난은 잦은 빈도가 되면 사

고에 가까워진다. 사고가 되는 순간, 장난은 장난이 아닌 시비로 둔 갑해 버린다. 장난이라 아무리 소리쳐도 돌아오는 메아리는 시비일 뿐이다. 그렇다면 수습은 어떻게 해야 할까. 엎질러진 물은 주워 담을 수 없다는 건 둘 모두에게 속하는 말이다. 수습하기는 힘들다. 젖은 물은 뜨거운 바람의 드라이기로 말리던가, 저절로 증발되기까지 기다려야 한다. 결국 만능 해결사인 시간이 해결해 줘야 한다.

장난의 어원은 作亂(작난)이라고 한다. '작난'이란 패역하고 투쟁하는 것을 말한다. 장난은 상대방으로부터 웃음을 일으키거나 화를 돋우기도 한다. 그 사람의 감정의 텐션을 높일 수 있는 장치라는 건 명확하다.

투쟁에 실패하면 온전히 돌아오는 타격감처럼 장난도 그렇다. 웃기지 못하는 코미디언에게는 웃지 못할 비방과 야유가 쏟아지는 현실이다. 그 누구도 위로해 주지 않는다. 스탠딩 코미디를 보면 여실히 나타난다. 웃긴 코미디언에겐 박수와 웃음을 아낌없이 주지만, 그렇지 않다면 정적과 비웃음뿐이다. 웃음에 관대하거나 떨어지는 낙엽만 봐도 웃는 사람들에게도 정색하는 장난이 있고 선을 넘은 장난은 본인에 대한 상대의 작난으로 받아들여진다. 장난에 일방통행은 없다. 역시 장난도 공감대를 건드려야 한다.

장난기를 표정에 지니고 있는 사람은 비교적 어려 보인다. 연예인으로 치면 신동엽이 대표적이지 않을까. 실제로 자주 웃는 사람들이 동안으로 보인다고 한다. 대칭적으로 올라간 입술 꼬리를 유지하는 건 생각보다 쉽지 않다. 주위에 결혼한 사람들의 이야길 들어 보면 미소 짓다가 입에 경련이 일어났다고들 한다.

평상시에도 "개구리 뒷다리~"를 말하면서 웃는 걸 연습해 두라던 상사의 말에 '에이 그날은 행복한 날인데 항상 웃지 않겠어요?'라고 생각했지만 한 사건 이후로 연습의 필요성을 뉘우쳤다. 갑자기 지면 촬영의 모델이 되었던 적이 있다. 지면 광고 시안으로 제작하는 거라 일반 모델을 섭외해도 무관했고 진행비가 없는 상황. 아트 디렉터 부장님은 나를 바라봤고, 내일 아끼는 신발 신고 오라는 장난기 섞인 말투로 말했다.

'설마 진짜로 찍겠어?'란 생각으로 평상시같이 출근했는데 어느새 난 촬영장에 도착해 있었다. 물론 얼굴은 보정하겠지만 미소와 인상은 내가 만들어 내야 했다. 그때 촬영 시간이 별로 되지도 않았는데도 경련의 존재감은 뚜렷했다.

큰일 났다. 미래의 결혼식….

종이컵

▽
고집과
똥고집의 차이

종이컵은 모순성을 지니고 있는 단어이다. 어쩌면 한계를 극복한 단어라고도 볼 수 있다. 물에 젖는 종이가 물을 담는 컵이 될 수 있다는 건, 물성의 원리를 거절하는 모순이 아니라면 종이라는 한계를 이겨 낸 케이스다. 또 종이컵은 자신의 역할을 충분히 표현해 주고 있다. 일회용 컵이 가진 역할. 물을 마시기 위한 도구는 기본이고 어쩌면 빵이나 떡을 덜어 먹을 수 있는 접시가 되기도 한다. 종이컵은 일회용 접시로서의 예상치 못한 쓰임을 당한다.

우리는 종이컵이라는 이름 자체가 가지고 있는 가벼움의 무게와 마찬가지로 종이컵을 대할 때랑 동일한 마음의 무게를 지니고 있다. 유리컵이었으면 하지 않을 수많은 행동이 있다. 누가 종이컵을 퐁퐁 가득 묻혀 설거지를 하겠는가.

형태로서의 컵의 모습을 간신히 유지하고 있는 종이컵은 물을 담고 있지만 물에 닿으면 쉽게 흐물거린다. 겉까지 물 한 방울 스며들 틈도 없이 코팅되어 있는 종이컵은 더 이상 종이컵이 아닐 테다. 경제적으로도 의미 없는 도구로 전락할 테다. 종이컵은 그런 허점을 갖고 있어야 종이컵일 뿐이다.

생수병도 마찬가지 아닐까. 에비앙이 아닌

이상 누가 브랜드가 크게 박혀 있는 생수를 마시고 싶어 할까. 사실 그 누구도 큰 관심은 없을 것 같다. 구매 요인에 절대 해당되지 않을 것 같지만 매대에 생수 두 가지가 있다면 어떤 걸 마실지는 감히 추측해 볼 수 있을 테다.

같은 브랜드, 같은 가격, 같은 용량, 같은 위치의 생수가 있다. 단지 다른 점은 생수병 걸에 있는 라벨의 있고 없음. 자연스럽게 손이 가는 생수는 어떤 것일까? 감히 추측해 보자면 무라벨일 테다. 누군가는 환경보호를 위해 택한다고 하겠지만 내가 무라벨을 택하리라 추측한 이유는 단순성이다.

목마른 사람은 물이 생각날 것이고 편의점에 들러 매대 앞에 서 있다. 자신의 갈증을 해결해 줄 수 있다고 시원하게 외치고 있는 생수 외경에 자연스레 눈길이 갈 것이고 자신도 모르게 영향을 받는다. 이 물의 수원지는 어디고 취수는 어떤 식으로 하고 있는지를 조그마한 글씨로 빼곡히 적혀 있는 라벨을 고르겠는가. 투명한 물의 모습을 직관적으로 보여 주고 있는 무라벨을 고르겠는가. 이런 생수병에 자세히 보아야만 알 수 있는 라벨 디자인의 고도화, 생수병 윤곽을 세계적인 디자이너에게 의뢰하는 게 과연 의미가 있는 것일까. 생수병은 생수병의 역할만 하면 된다. 떨어뜨려도 물이 새어 나가지 않는 정도의 견고함과 물을 잘 보여 줄 투명도만 잘 유지하면 된다. 생수병을 도자기 공예 하듯 장인 정신까지 들여 만들 필요는 너무 과분한 행위이다.

디테일을 무시하는 건 절대 아니다. 디테일을 논할 수 있다는 건 그 분야의 전문성이 있다는 것일 테니까. 또한 일반 사람을 쉽게 캐치 못 할 디테일한 구성은 결과론적으로 어떻게든지 그 누구에게든지 긍정적인 영향을 준다고 믿고 있다. 완벽주의자를 존중하고 디테일에 안일한 사람을 못마땅해한다.

하지만 디테일은 어쩔 땐 똥고집이라 불리기도 한다. 손톱과 발톱을 깎을 때의 디테일과 온에어 전 오타를 검수할 때의 디테일은 다르다. 같은 디테일의 단어를 입었지만, 깊이가 다르다. 한 제품의 본질에 가까운 디테일은 장인 정신의 고집이고 본질에 먼 디테일은 똥고집이라 불릴 수 있다. 고집과 똥고집은 본질과의 거리로부터 결정되더라.

초심을 지키는 게 얼마나 어려운지 모든 사람이 알듯 시간이 지나도 본질을 잊지 않고 방향성을 견고하고도 유연하게 지키는 건 정말 대단한 거다. 결국 종이컵이나 생수병이 도구의 본질을 충실히 지키며 일회적인 의미로서의 최선치를 다할 수 있는 디테일을 유지하는 게 최선의 결과물이라고 볼 수 있다.

일회성 속에서 펼칠 수 있는 최선의 연속성. 이를 발견하고 만들어 나갈 수 있는 능력은 어떤 일을 하든지 꼭 필요한 역량이지 않을까.

커 피

▽

카페인
가득 담은
안녕

새로운 만남을 갖는 소개팅의 어색함을 풀어 주는 말. "안녕하세요."

어쩌다 길거리에서 만난 동창에게 반가운 내 마음을 보여 줄 수 있는 말 "시간 되면 커피 한 잔?"이란 안녕.

주말엔 다가올 회의의 안녕을 위해 초집중을 펼쳐 주는 각성제. 커피가 있는 곳은 목적이 있기도 했고 때론 목적 없는 멍 때리기를 할 수 있게 해 준다. 뜨거운 커피를 따뜻해질 때까지 기다리다 향을 맡고 한입 마시고. 맥주처럼 마시자마자 0.5초 만에 탄산에 치이는 리액션은 하지 않는다. 커피 광고처럼 두 눈을 지그시 감지 않는다. 아무 생각 하지 않는다. 그땐 커피를 마신다는 목적만 내게 있는 순간이다. 그 여유로운 순간의 다른 이름은 멍 때리기다.

카페가 넘쳐 난다고 한다. 작디작은 대한민국 땅인데도, 공간은 한정적임에도 불구하고 새로운 카페를 알리는 핫플 소개 계정은 바쁘다. 메가커피 옆에 컴포즈커피 옆에 이디야 옆에 스타벅스. 이미 편의점 개수를 뛰어넘었을까? 카페가 들어오기 전 어떤 가게가 있었을까. 피아노학원? 보컬학원? 바둑학원? 카페 탐방도 취미가 될 수 있겠지만 수많은 카페가 다른 취미 생태계를 파괴하고 있지 않나 예단한다.

힙한 카페 사장의 전 직업을 물어보라. 누구는 작가, 래퍼 지망생, 유튜버. 왜 그들은 재능을 카페에 쏟고 있나. 왜 사람들은 바리스타 또는 사장이 되고 싶어 할까. 커피 소비 양태는 우리 사회의 어떤 단면을 보여 주고 있을까.

공간으로서 커피의 존재감은 어마하다. 친구들이랑 점심을 각자 먹고 밖에서 만나기로 했다 치자. 어디를 갈까. 낮부터 술을 달릴 수도 없다. 근처에 놀이터는 황폐하다. 공원은 멀리 있다. 없다. 갈 곳이. 만만한 곳은 카페다. 사람들이 공부하거나 일을 하는 대형 카페에서 조용조용 대화를 할 수도 있고 개인 카페나 저가 커피 매장에서 큰 음악 소리를 비지엠 삼아 하하호호 얘기할 수도 있다. 날씨가 좋으면 테이크아웃 해서 산책로로 간다. 얼음을 찰랑이며 눅눅해진 컵홀더와 함께 걷는다. 이처럼 커피나 마실 것 없이 누군가를 독대한다고 생각해 보면 어색하다. 두 명의 사람 사이엔 커피가 있는 그림이 친숙하다.

현대인의 커피에 대한 의존도도 무시 못 한다. 월요일 아침엔 피곤하니 커피 한잔하자는 동기, 점심 먹고 무거워진 눈꺼풀은 커피로 덜어 내자는 팀원, 야근할 때 다시 리프레쉬 하기 위해서는 커피가 있어야 한다는 팀장님.

커피는 비타500, 총명탕도 해결해 주지 못한 걸 채워 준다. 카페인은 현대인에겐 만병통치약과 같은 효능을 지니고 있는 듯하다. 이러다 박카스도 커피 맛이 나오거나 링거도 커피 맛이 나오려나? 커피가 지배한 사회가 오지 않길 바란다. 피곤함을 잊은 사회가 오길 기다릴 뿐…. 일단 우리 회사부터 피곤으로부터의 독립을 선포했으면 좋겠다. 회사에게 인간은 피곤하면 쉬어야 한다고 알려 주고 싶다.

행복

▽
무언가로
대체하고 싶은
단어

'행복'이란 워딩은 식상해졌다. 순전히 워딩 그 자체만 말하는 것이다. 의미는 전혀 식상하다고 생각하지 않는데 흠…. 너무 자주 봐서 그런 걸까? 매주 축구하러 가는 곳에서도 쉽게 행복이란 단어를 마주한다. 공중화장실에 아이 레벨로 붙여져 있는 명언 세 가지 중 두 가지에서 행복을 논하고 있다. 그 순간 왠지 모를 반항감이 새어 나와 행복이란 단어가 포함된 문장이 고루해 보이기 시작한다.

언제부터 그랬는지 모르겠지만 어느새 나에겐 행복이란 건 "좋아요!"라는 기계적인 답변과 같은 길을 걷고 있는 듯하다. 큰일 났다. "좋아요"도 의미 자체로는 안 좋은 게 하나도 없는 말인데…. 무분별한 "좋아요!" 남발로 인해 저 스스로 대답만큼은 다르게 말해 보자, "좋아요"를 잊어 보자 다짐한다.

그렇다면 '행복'을 대체할 수 있는 말이 있을까? 기분 좋다? 웃음이 나온다? 개운하다? 아님 ㅎㅎㅎㅎ? 흠…, 생각해 보니 대체할 수 있는 특정한 단어는 없을 것 같다.

내가 '행복'이란 단어를 고루하게 여겼던 이유는 너무 쉽게 하루의 감정을 압축해서 '멀멀한' 단어로 말했기 때문이다. 감동적인 순간의 눈물이 담긴 행복의 밀도와 소리치며 웃고 떠들었던 감정은 다르지 않은가. 어쩌면 누군가에겐 행복한 순간의 최고 리액션은 고작 미소일 수 있다. 〈더 글로리〉에서도 같은 맥락의 대사가 있었다. 문자 답장을 왜 하지 않느냐는 박연진의 말에 하도영은 이렇게 말한다.

"했어, 무응답으로."

실제로 무응답에는 수많은 의미가 함축되어 있다. 내 마음에 들지 않다부터 혼란스러움까지. 일종의 기싸움이 될 수도 있고 본인의 생각을 오히려 강력히 피력할 수 있는 응답 중 하나이다. 카톡에선 무응답의 싸한 기분을 조금이라도 덜어 주기 위해 열심히 업데이트를 하고 있다. 이모티콘부터 답장마다 할 수 있는 조그마한 이모리콘까지.

행복이란 건 응답을 바라고 오는 게 아니다. 한 사람의 반응을 지켜보기 위한 것도 아니다. 온전히 내 생각을 펼칠 수 있고 하고자 하는 걸 행할 때 퍼지는 속 시원함, 후회 없을 그 순간. 참으로 찰나이지만 누군가에게는 평생 안줏거리가 될 수도 있고 참으로 사소해 보여도 하루를 의미 있게 해 주는 소중한 보람이 될 수 있다.

물론 감정에는 실체가 없다. 방금 느낀 감정은 이미 지나가 버린 감정이 되었고 다시는 그 감정을 복기하기는 힘들다. 우린 유추의 단계에 접어들어 늘 그 당시의 행복의 정도를 추측해 왔다. 그래서 쉽게 '행복'이란 말을 썼나 보다. 그 감정이 정확히 어떤지 표현하고 싶은데 표현할 수 없는 아리까리함. 세상 모든 사람과 합의된 '행복'이란 단어를 사용하게 된다.

어쩔 수 없나 보다. '행복' 없이 행복을 말할 수 있을지 잠시 고민해 봤는데 어렵다. 아직 정립되어 있지 않아 보이는 범주로 인해 어디까지가 남들이 보기엔 행복일지 모르겠다. 역시 내가 느끼는 행복은 역시 나만 아는 것일까. 그럴 것 같다.

뜬금없지만 번지점프를 해 본 분은 알 것 같다. 누구는 떨어질 때가 가장 스릴 있었다고 하는데 나는 떨어진 후 반동에 의해 다시 올라가는 그 순간이 가장 스릴 넘쳤다. 또 다른 친구는 반동 이후 최고치까지 올라갔다 내려가려는 그 순간이라고 했다. 똑같은 번지점프를 했어도 다 다른 포인트에서 최고의 스릴감이 있었다.

행복도 마찬가지일 것이다. 논리적인 설명 따윈 필요 없다. 가슴 벅찬 그 순간을 감히 누가 반박할 수 있을까. 행복은 늘 가까이 있다는 말이 역시 틀린 말이 아니었단 걸 알게 된다.

부적

부적을 산 적은 단 한 번도 없지만, 늘 부적을 안고 산다. 나뿐만 아니라 누구나 각자만의 부적을 안고 산다. 다들 고민거리가 있지 않나. 고민을 해결하고 싶은 생각도 은연중에 하고 있다. 살아가면서 해결해야 할 문제가 제로인 순간은 드물기에 겪고 있거나 겪을 것 같은 문제를 마음속 부적에 빨강 글씨로 적는다. 어떤 게 문제인지 아는 것만 해도 절반은 해결된 것이라 본다. 나머지 절반은 이제 직면할 문제. 그렇게 살아간다.

몸속이 부적으로 가득 차는 게 느껴질수록 혼란스러워진다. 전혀 상관관계가 없는 이 문제와 저 문제가 배배 꼬이기도 할 것이다. 숙제를 하듯 하나하나 소화시킨다. 덜어 내는 부적의 수만큼 몸은 가벼워진다. 속이 편안해진다.

부적은 편지와 같다. 지금의 나에게 걱정하지 말라고, 미래의 나에겐 잘될 거라는 마음을 연필심 끝에 꾹꾹 담아 적은 편지. 보기만 해도 기분 좋아 잘 보이는 곳에 두고 싶다. 냉장고에 덕지덕지 붙어 있는 쿠폰 자석 대신 마음속 부적을 프린트해서 붙여 놓고 싶다.

이렇게 세상에 태어날 부적은 휘황찬란하고 글자 이미지 검색 앱으로도 알기 힘든 한자는 아니었으면 한다. 주변 모두가 알아줬으면 한다. 살을 빼려면 주변 사람에게 소문을 내라는 것처럼 꼭 이루고 싶은 소망과 해결하고픈 문제라면 주변에 알려야 한다. 인생은 팀플레이 아닌가. 본인만의 인생이라도 개인플레이는 없다.

주변 사람들이 내가 해결하고픈 문제를 알게 되면 내가 생각지도 못한 방법으로도 방안을 찾을 때도 있다. 누군지도 모를 초면의 무당이 아닌 나를 잘 아는 친구나 가족에게 받는 부적이 진짜다.

부적의 기원은 원시시대부터라고 한다. 주술적 목적인지는 확언할 수 없지만 "갔다 올게"란 말이 실현될 수 있는 사냥을 기원했을 테다. 동굴 벽에 장인 정신 가득 담아 돌로 사냥감을 새기고 풍요로운 삶을 살고 싶다는 염원의 시간. 벽에 채워지는 그림이 늘어날수록 목적은 분명해지고 사람은 견고해진다. 그림을 다 그린 후 돌을 내려놓을 땐 마치 사냥에 성공했을 때의 기쁨과 배부름의 안심이 느껴질 테다. 이렇게 부적의 힘은 목표를 이뤄 냈다는 느낌을 근접하게나마 체감할 수 있다.

부적이란 장치는 누군가에겐 치트키 같을 것이다. 무언가를 해낼 수 있게끔 하는 신비의 힘. 산타 할아버지가 있다고 믿는 아이 앞에서 대부분의 사람들이 눈감아 주듯, 다른 사람 부적을 마주하게 되면 고개를 끄떡인다.

'그래, 언젠간 해결되겠지.'

먼 미래의 소망이라도 나만의 부적에 새기는 순간엔 잠깐 유토피아를 다녀오게 된다.

잠옷

▽

내 돈 주고 사긴
아깝고,
남이 사 주면
좋은 옷

'내돈내산' 잠옷이 하나둘씩 늘어날 때마다 독립에 가까워지는 것 같다. 옷에 관심이 하나도 없던 중고등학교 시절만 해도 정말 가끔 옷은 사도 잠옷 살 생각은 전혀 하지 않았다. 잠옷은 항상 집에 있었고 늘 입는 것만 입었다. 언제 샀는지 모를 체크무늬의 패턴. 색깔만 다른 바지를 입은 아버지께서 거실에서 티비를 보시고 있는 게 당연했다. 어머니께서는 잠옷을 살 때 여러 개 사시는데 같은 패턴의 다른 색을 고르셔서 의도치 않게 가족끼리 단체로 맞춘 잠옷처럼 보인다. 2+1, 1+1 이벤트 행사가 만들어 준 단결력이라 볼 수 있다.

인생 첫 잠옷을 선물받은 적이 있다. 짱구 잠옷이 유행할 때 여자친구가 커플 잠옷을 입자며 사 왔다. 수면양말처럼 보들보들했고 겨울에 입고 나가고 싶을 정도로 따뜻했다. 이렇게 어머니가 아닌 누군가가 사 준 잠옷을 입게 되었다. 평상시라면 '돈 주고 잠옷을 산다고?'란 반응일 테지만 짱구 잠옷은 달랐다. 이건 돈 주고 살 수밖에. 근데 편리성보다는 디자인에 포커스를 둔 탓에 얼마 입지 못했다. 자고 일어나면 느껴지는 불편함에 서서히 안 입게 되고 최근엔 다 해져서 장롱에 박혀 두게 되었다. 결국 원래 있던 잠옷에 다시 손이 간다.

여행 갈 때 따로 챙기기 애매한 게 잠옷이다. 특히 짱구 잠옷은 부피가 커서 가방의 절반을 차지한다. 아무리 취침 시간이 절반가량 된다고 해도 이 정도의 부피감은 합리적이지 않다. 숙소에서 놀다가 근처 편의점에 갈 수도 있고 여차하면 다음 날 집까지 입고 갈 수 있는 옷을 챙긴다. 축구 유니폼. 또 애들끼리 놀러 가면 족구나 풋살은 무조건 하니까 일당백이다.

어느 하루는 비교적 최근에 맞춘 유니폼을 잠옷으로 챙겨 간 적이 있다. 그 유니폼을 맞추자고 한 친구가 그 모습을 보더니 투덜거리기도 했다.

"아니 유니폼을 잠옷으로 입는다고?"

아무렴 어때. 자나 깨나 축구 생각하는 게 얼마나 바람직하냐며 응수한다.

어쩌면 잠옷은 친구들에게 줄 선물로 좋지 않을까. 유재석은 지금까지 노홍철이 준 잠옷을 입는다고 한다. 〈무한도전〉 때부터 지금까지. 애착 잠옷이 되었다던데 하나를 선물받으면 닳을 때까지 쓰는 나 같은 사람들에게 잠옷을 선물로 준다는 건 의미 있어 보인다. 평상시 입지 않는 귀여운 캐릭터가 담긴 잠옷이라도 잘 때만큼은 누구도 신경 쓰지 않고 입을 수 있으니까. 에어로빅 옷처럼 화려한 패턴이라도 어차피 눈 감고 자지 않나. 왠지 모를 화려한 내일을 꿈꾸길 바란다. 이렇게 의미 부여를 하고 보니까 매번 고민되었던 '카카오톡 선물 보내기'가 해결되는 듯하다.

난생처음 잠옷을 선물해 준 사람. 벌써 갖고 싶다. 이 타이틀.

손글씨

▽
필체는
마음의 생김새

인테리어. 공간을 장식하는 일. 살아가는 데 지장 없는 하얀 공간에 입체적인 색을 입힌다. 나를 장식하듯, 흔적을 남기듯 취향을 고스란히 담은 여럿 장치. 숨은 못 쉬어도, 밥값은 못 해도 고스란히 내가 살아갈 여유를 내어준다. 애완돌처럼 어쩌면 키우는 것일 수도. 인테리어는 부자의 취미다. 싸게싸게 이 공간에 나를 녹이고 싶다면 막말로 벽에 글씨를 쓰면 되지 않을까? 물론 내 집이 아니라서 그 취향은 허락되지 않는다.

손글씨. 기록이 되고, 영원히 거짓말할 수도 없고 지문처럼 사람마다 가지각색이다. 문장을 사인하듯 휘갈겨도 오직 나만 단번에 알아볼 수 있는 장치. 손글씨는 하나의 기호가 되었고 착용하는 액세서리가 되었다. 무광색의 희미한 선이 겹겹이 줄줄이 쌓여 있는 내 손만의 목소리.

손의 목소리는 이젠 주름 가득하다. 다른 대체재들이 여기저기서 생생함을 자랑한다. 문득 영감 비스무리한 단초가 발현된다면 펜을 잡기보단 폰을 잡는다. 엄지 두 개가 바쁘게 움직였다. 이젠 손마저도 일이 줄고 있다. 목소리만 있으면 검은 바탕으로 가득한 메모장에 흰 글들이 타닥타닥 채워진다.

그럼에도 아직까진 손바닥만 한 초록색 몰스

킨이 가방 안에 살고 있다. 숨죽이다 가끔 문이 열리면 빗발치는 햇빛을 들이마신다. 반들반들한 속지의 감촉은 잊은 지 오래. 몰스킨 옆에 착 붙어 있는 볼펜. 다행히 볼펜 똥이 펜촉을 감싸고 있진 않고 있다. 2021년산 잉크를 머금고 있을 뿐이었다.

손글씨는 회사에서 미팅할 때와 매주 월요일 필사할 때 마주한다. 두 개의 글씨체를 비교해 본다. 단어의 나열뿐인 회사 노트. 가끔 숫자들이 툭 튀어나온다. 줄 바꿈이 자유롭다. 공백도 넘쳐 난다. 어서 빨리 퇴근하고 싶은지 한 페이지를 큰 글씨로 채워서 넘긴다. 일력을 넘기듯 페이지가 넘어간다.

필사 노트는 문장으로 빼곡하다. 물론 내 생각을 담은 글이 아니라 영혼 없는 글씨체다. 그래서 그런지 쓰임의 형태가 더 잘 보인다. 작가의 언어를 내가 쓴다면, 이런 불규칙한 글씨체로 포장하더라도 농축된 정서가 독자들에게 전해질 수 있을까. 멍 때리며 필사를 쭈욱 하다 손끝이 저려 올 때 멈춘다. 오랜만에 제대로 된 역할이 생긴 검지와 중지. 한 번 꺼낸 펜촉, 끝은 봐야지란 생각에 필사를 이어 간다. 손끝을 모아 본다. 꾸욱 연필을 눌러 본다.

팝콘

▽
영화관의
특산물

음식에도 고향이 있다. 국밥은 부산, 장칼국수는 강릉, 팝콘은 영화관. 신기하게도 '원조'라는 인식 때문인지 그곳에서 먹으면 더 맛있게 느껴진다. 부산의 국밥은 국물이 더 깊이 있고, 강릉의 장칼국수는 면발이 더 쫀득한 것 같고, 영화관에서 먹는 팝콘은 단짠의 끝판왕이다.

가끔 영화관에서 먹던 팝콘 맛이 문득 떠오른다. 넷플릭스와 수많은 OTT가 성행하는 요즘, 영화관이 명맥을 이어 갈 수 있는 이유 중 팝콘의 기여도도 상당히 크지 않을까. 편의점에서 파는 팝콘으로는 어딘가 부족하다. 영화관 팝콘의 맛을 흉내 내지만, 역시 원조는 따라갈 수 없다.

내게 영화관 팝콘이 더 맛있게 느껴지는 이유는 아마 다른 데도 있는 것 같다. 컴컴하고 조용한 곳에서 부스럭 소리를 내며 팝콘을 집어 들고, 바삭한 소리와 함께 달콤한 스릴을 느낀다. 무언가 눈치는 보이지만 전혀 잘못된 행동은 아닌 상황. 나 혼자만 팝콘을 안 먹고 있다면 억울한 상황. 모두가 눈치 보지 않고 마음껏 즐길 수 있으니, 왠지 정당한 일탈을 하는 기분이다.

조만간 그 일탈을 다시 하러 영화관에 가려고 한다. 〈가오갤 3〉를 보며 눈물 젖은 팝콘을 먹을 준비를 해야겠다. 캐러멜과 오리지널 반반 팝콘에 코카콜라까지. 벌써부터 바삭바삭하다.

MARKETER
COPYWRITER

마케터가 됐습니다. 갑자기

21

나도
운이
좋았지

"나는 운이 좋았지. 다른 사람들은 그렇게 어려운 이별을 한다는데.

나는 운이 좋았지. 말 한마디로 끝낼 수 있던 사랑을 했으니까."

나는 운이 좋았지. 서서히 식어 간 기억도 내게는 없으니.

나는 운이 좋았지. 한없이 사랑한 날도 우리에겐 없던 것 같으니.

나는 운이 좋았지. 스친 인연 모두 내게 많은 것들을 가르쳐 줬으니 후회는 하지 않아. 덕분에 나는 조금 더 나은 사람이 되었으니까."

권진아의 〈운이 좋았지〉 가사 도입부. 강한 긍정은 부정이 될 수 있듯 "나는 운이 좋았지"가 반복될수록 애절함은 깊어진다. 동시에 "스친 인연 모두 내게 많은 것들을 가르쳐 줬으니 후회는 하지 않아. 덕분에 나는 조금 더 나은 사람이 되었으니까" 부분에선 한없이 부정과 슬픔이 가득한 이별을 운이 좋다는 새로운 관점으로 본다.

이 새로운 관점. 부정을 긍정으로 볼 수 있는 관점은 말이야 쉽지만 정말 쉽지 않다. 어쩌면 광고 기획서에 녹일 인사이트를 찾아내는 고통과 비슷할 테다. "당신과 이별해서 슬퍼요" 대신 "당신을 만났던 나는 운이 좋은 사람이었어요"가 더

심층적인 감정을 전달할 수 있지 않나. 이처럼 우발적인 감정보다는 긍정적인 자기 합리화가 깃든 감정을 찾고자 하는 게 멘털 관리 측면에서 큰 도움이 될 것이라 믿는다.

나에게 2023년도는 다사다난했기에 자기 합리화 또한 넘쳐 났던 해이다. 회사가 다른 곳에 인수된다는 사실엔 새로운 사람들에게 광고를 배울 수 있겠다는 합리화를, 회사 간 계약이 미뤄지는 상황에 대해선 놀면서 월급 받고 있다는 합리화를 했다. 그러다 결국 합리화로 메울 수 없는 사건이 터졌다. 다니던 회사가 하루아침에 없어진 건 현실에서 가능한 각본이었다.

일본에 휴가 가기 사흘 전 금요일, 갑작스러운 고위급 인사와 직원들의 미팅이 잡혔고 회사 간 계약 불발로 기업 청산이란 수순을 밟는다는 소식을 통보받았다. 월요일에 개별 면담이 예정되었지만, 일본에 있을 난 미리 마음의 결단은 내려 놓아야겠단 생각이었다. 한국에 있을 때만 해도, 아니 고위급 인사와 미팅이 끝났을 때만 해도 위로금을 받고 이직해야겠다란 생각이 지대했다. 갑자기 내가 다른 직무를 해야 한다는 건 상상하지도 않았던 일이었으니까.

일본에서 잠시나마 회사에 대한 생각을 비우고 지냈다. 그러다 비대면 면담 날짜가 다가왔고 불안함에 잠을 설치며 여러 가설에 대한 상상의 날개를 펼쳤다. 퇴사를 선택할 때 느낄 감정과 이미 면접 본 회사로 이직할 때 생길 상황들, 그리고 모기업에 마케터로 직무 전환한다면 새롭게 일을 배우는 상상, 도저히 혼자 판단하기엔 버거웠다. 평소 전화 한 통 하지 않을 누나한테 연락하고 부모님은 물론 전 팀장님, 동기까지, 전화를 돌릴수록 어떤 결심을 할지 뾰족해졌다.

3년간의 카피라이터는 잠시 쉼표를 찍고, 새로운 직무에 도전하기로 했다. 눈앞에 아른거리는 위로금에 흔들리지 않기로 했다. 지인들과 통화에서 얻은 결심도 있지만 안정성이란 측면에서 생각해 보니 고민의 답이 명확해졌다. 수년간 불안한 광고 시장은 나아질 기미가 보이질 않았고 여기저기 구조조정과 희망퇴직은 빈번했다. 경기에 영향을 직접적으로 받는 건 아무래도 광고일 테니까.

광고를 집행하려는 회사가 현저히 줄었고 놀고 있는 광고대행사가 늘은 걸 보며 지금 시기에 새 직무에 발 담가 봐도 괜찮을 것이란 확신이 생겼다. 오늘이 내가 가장 젊은 날 아닌가. 배우면 금방 배울 수 있는 유전자가 가장 팔팔한 나이일 테다. 이렇게 상처난 곳에 후시딘뿐만 아니라 동방 약초까지 다 덧바른 덕에 새살이돋고 굳은살이 생겼다. 곧 선택해야 할 다짐이 걱정되지 않고 설레었다. 그저 내가 선택한 3지망 내 부서에 배치되고 좋은 팀원들이었으면 하는 바람뿐이었다.

권진아 못지않게 나도 운이 좋았다. 경쟁이 치열했던 팀에 배치받았고 운 좋게도 그 팀에는 선한 인성의 팀원들이 넘쳐 나기로 알려진 곳이었다. 긴장이 온몸을 감싼 나에게 긴장하지 말라는 숙제를 주지도 않고 밝은 미소로 반겨 주시는 걸 보고 소문이 사실임을 알았다.

달라진 회사 층수처럼 모든 시스템이 바뀌었다. 정말 같은 건물만 쓸 뿐 모든 게 달랐다. 인턴 때로 돌아간 듯 처음부터 배웠다. "이건 마우스야"에 버금가는 친절한 과외 덕에 적응하기 수월했다. 하루 종일 긴장하다 보니 나뿐만 아니라 다른 입사 동기들 눈 밑엔 다크서클이 상주해 있었다. 날이 갈수록 옅어졌고 몸도 가벼워지고 퇴근 시간이 금방 다가왔다. 오늘도 그렇다. 벌써 목요일의 퇴근길이라니…!

　본격적으로 일도 개입되고 있다. 몇 번 일을 해 볼수록 카피라이팅이 마케팅에 큰 도움이 되는 걸 느낀다. 팝업(스토어)을 기획할 때 팝업의 컨셉과 콘텐츠는 무엇일지 아이데이션을 하는 건 꽤나 반짝이고 설득력 있는 크리에이티브를 요구한다. 아이데이션은 매번 해 오던 거니까 재밌었고 괜찮은 컨셉 워딩이 여럿 나왔다. 운이 좋게도 제시한 컨셉이 셀렉트되었고 혹시 몰라 준비한 팝업 내 콘텐츠 예시까지 고스란히 살아남았다. "역시 카피라이터 출신이라 다르다"란 말을 들었을 땐 차마 환한 표정을 숨기지 못했다. 그런 말을 해 주시는 선배가 있는 팀이라는 것도 고맙고 다행이란 생각뿐이다.

　하루하루가 새로울 날이겠지만, 두려울 날이 아닌 것에 대만족하기로 한다. 내일도 오늘처럼 살아가야지. 그러면 어제보단 오늘 더 적응할 수 있겠지.

야구
천만일 명
관중 시대

10월 17일. 가을이지만, 머지않아 겨울이 곧 올 거란 걸 직시하는 날이다. 일교차는 점점 커지고, 유튜브 알고리즘은 가을 배경으로 한 플레이리스트를 보여 주고, 뉴스 섬네일은 11월에 영하 18도까지 내려간다는 차디찬 자극으로 클릭을 유도한다. 이제 가을을 즐길 준비가 되었는데, 회사에서 매년 관례 행사처럼 진행되는 '25년 사업 전략'을 동시에 준비해야 하는 상황. 페이퍼 워크를 하고 있다는 현타가 올 때쯤인가….

가을이 나한테 일을 시켰다. 오직 가을에만 할 수 있는 일을.

프로야구 천만 관중 시대. 그 천만에 속하지 않았던 나. 방망이를 휘두르는 스포츠엔 관심이 없었다. 심지어 국가대표 경기가 아니면, 따로 경기를 챙겨 보거나 유튜브와 포털에 검색 따위도 해 본 적 없는 그야말로 야구 문외한. 정말 어쩌다 'KBO 코마케팅'을 담당하게 되었다. 아…, 야구라도 좋아할걸. 근데 뭐 요즘 야구가 트렌디하지 않나. 팬층도 젊어지고 있고, 우리 타깃들의 관심도도 높아지고 있고. 지금 시기에 야구 관련 마케팅을 할 수 있는 좋은 기회이지 않나. 1년에 한 번쯤 모습을 드러내는 가을이 내게 친히 일거리를 선사했다고 생각하련다.

덕분에 야구장도 가 보고, 어쩌다 응원한 팀의 짜릿한 역전승의 기쁨도 함께하고, 스페셜 시구자로 나선 뉴진스 민지도 보고…. 야구의 매력은 아직까진 체화되진 않았지만, 왜 가을 야구, 가을 야구 하는지 이제야 알 것 같다. 야구 직관하는 그날의 날씨가 딱 그날 기분의 온도지 않나. 우천 취소될 땐 열성팬들은 비처럼 울고 싶을 테고, 날씨 걱정 없는 날은 관중들도 야구를 빼고는 다른 걱정도 없어 보인다.

야구를 보면서 문득 이런 생각이 들었다.

'왜 갑자기 야구가 20대에게 큰 인기를 얻고 있을까?'

직관을 해 보고 내린 나만의 결론은 이렇다. 음모론에 가까울 수도 있는데, 이건 숏폼 때문이다…! 야구의 공수 전환은 축구에 비해 숏폼이다. 45분가량 끊임없이 경기가 진행되는 기~인 흐름의 축구니까. 야구는 투수와 타자의 재량으로 1회 경기 시간이 결정된다. 삼구 삼진을 잡을수록 짧아지는 시간. 이렇게 짧게 전환되기도 하고 공수 교체 시기마다 쉬는 시간도 생기니 이건 숏폼의 연속이라고 볼 수 있지 않을까.

스포츠계의 숏폼, 야구. 이번 가을에 내 도파민을 야구로 채워 보자.

올림픽이 끝나자마자, 또 〈흑백 요리사〉우승자가 나오자마자 여기저기 콜라보 제품이 쏟아졌다. 식품 업계에 다니고 있지만 이미 유사한 제품 출시를 하려 했을지라도 프로세스상 짧아도 너무 짧다. 이건 선수 소속 팀에서 미리 손을 쓰거나, 넷플릭스와 긴밀한 커넥션이 있었겠단 질투의 추측만 되뇌게 된다.

유사한 사례가 있는 타사 지인 말에 의하면, 임원급에서 아이디어가 나온 것이었고 컨택과 실행만 실무진에서 진행하면 되니 보고 절차가 엄청나게 단축된 것이었다. 그 결과 대외적으로는 빠르게 트렌드에 대응한 기업이 되었고 이를 칭찬하는 보도와 뉴스레터가 피드에 즐비하게 되었다.

트렌드에 부합하기도 한데 임원급에서 툭 던져 주는 아이디어는 실무진 입장에서도 당연 반가운 일이다. 또 유관 부서와 협의하기도 편하다.

"데드라인은 ASAP이고 명분은… 아시죠?"

하지만 동시에 어려운 일이기도 하다. 누가 봐도 불가능한 아이디어라면, 거절을 위한 보고서 아니, 변명서를 논리적으로 만들고 설득시켜야 한다. 이 형태는 아마 반성문의 모습과 닮아 있을 테다. 또 브랜드가 추구하고자 하는 컨셉과 이미지가 있는 경우라면 트렌드한 그 무엇과의 교집합을 단기간 내 찾아내야 한단 스트레스는 막대하지 않을까.

이제 현실로 돌아와 보자. 실무진에서 반짝이는 아이디어를 낸다면 어떤 프로세스와 맞닥뜨릴까. 무언가 바이럴이 될 만한 콜라보 아이디어가 생각났다고 가정해 보겠다. 자사 브랜드와 어떻게 콜라보 하면 좋을지 먼저 교집합을 찾아낸다. 어느 정도 가닥이 잡혔으면 같은 파트에 있는 선배에게 조언을 구한다. 내가 놓치고 있는 포인트가 있을지, 현실적으로 가능한지 등 실행 가능성에 포커싱 한다.

다음 단계가 조금 애매하다. 팀장님과 실장님께 보고를 드려야 할지, 아님 콜라보 자체가 불가능할 수도 있으니 업체에게 가능 여부를 판별부터 해야 할지…. 여러분이 이런 선택의 기로에 서 있다면 어떤 선택을 할 것인가?

사실 이런 선택의 기로에서 고민하기 전, 쉽게 해결할 수 있는 방법은 있다. 정식적인 보고서로 콜라보 소식을 알리는 게 아니라, 지나가면서 관련 사항을 툭 말하면 된다. 하지만 이런 능청스러움은 신입이나 사회 초년생이 써먹기엔 이르다. 어쩌나 저쩌나 결국 콜라보 개요를 한눈에 이해할 수 있는 문서가 필요하게 된다. 즉, 보고서를 작성하게 되며 동시에 시간은 흘러가고 트렌드는 지나가고 있다.

또 이 기획안은 일시적 버전일 수밖에 없다. 콜라보를 하는 업체의 의견은 들어가 있지 않고 자사의 주장만 있으니까. 내부에서 오고 갈 보고서의 수를 줄여야 내용에 혼선도 없고 더 명확한 방향이 잡힌다고 믿고 있다. 그렇지만 본인의 회사가 보수적인 회사, 즉 보고 단계가 첩첩산중이라면 과연 페이퍼 워크를 줄일 수 있는 파해법은 무엇일까. 아니 방법이 있기는 할까?

"아이디어가 좋으니까 요즘 핫한 거나 재밌는 트렌드 있으면 언제든지 그림 만들어 봐."

현실은 달랐다. 기민한 아이디어의 실체성을 요구받았지만, 실행마저도 기민하길 바란 건 아니었다. 전통 있는 회사는 그 명성에 걸맞은, 유리로 된 프로세스가 암암리에 존재했다. 숏폼이 대세가 된 지는 오래되었고 이로 인해 책보다는 시를 선호하거나 축구보다 야구를 선호하는 현상이 되고 있지만, 전통적인 보고, 결재 라인은 바뀌지 않는다.

트렌드에 기민하게 반응할 수 있는 팀이 있으면 어떨까? 팀원 구성은 이럴 것 같다. 트렌드를 브랜드와 얼라인(먼트)시키는 마케터, 법적으로 가능성을 판단하는 법무팀 소속 인원, 빠른 유통과 전반적 영업을 책임질 SCM(공급망 관리) 담당자, 이런 트렌디함을 시도하고 있음을 대외적으로 알릴 홍보 담당자.

앗…! 간과한 게 있다. 어찌 되었든 보고는 필수. 트렌드가 지나기 전 결재를 받아야 할 전국의 마케터에게 파이팅을 보낸다.

실수를 대신 처리해 주는 부서가 필요해

눈앞이 캄캄하다. 일을 하다 보면 자주 맞닥 뜨리는 불완전한 마음. 내일의 '나' 아니 그리 멀리 갈 필요도 없지. 지금부터의 '나'의 행태가 걱정스러워진다. 캄캄함을 겪게 되는 경우의 원인은 크게 보면 두 가지. 내가 저지른 사달인가, 남이 헝클어 놓은 실타래처럼 원상 복구하기엔 이미 멀리 가 버린 것인가.

실수는 우발적으로 일어난다. 우리는 본능적으로 낌새를 느끼지만 시간이 부족해서, 깊게 판단할 기력이 없어서, 처음 겪는 일이라서 실수의 길로 들어선다. 할까 말까 기로에 서 있을 땐 일단 멈춤이 답이다. 회사의 장점 중 하나는 혼자 일할 수 없는 구조지 않나. 옆자리 사수에게, 사수가 없다면 유관 부서에, 또 없다면 팀장에게 도움을 구해야 한다.

솔직히 말은 쉽다. 그 상황을 목도하게 되면 또 이런 갈피가 생길 테다. 질문하기엔 너무 작은 문제인가? 쓸데없는 질문한다고 생각하지 않을까? 실수를 저질러 여럿 유관 부서에 질타를 받는 것보단 내가 물어보고자 하는 그 사람에게만 받는 게 낫다.

본인이 생각해도 가볍고 하찮은 정도가 보이는 이슈라고 그냥 넘어가기에 찝찝한 건, 질문 또한 가볍게 던져 보면 어떨까. 본인이 생각하는 해결법을 질문으로 포장해 보자. 이를 누군가에게 툭 던진다면 돌아오는 가벼운 답변은 어쩌면 조언이 될 수 있다.

카피라이터도 해 봤지만, 마케터는 더더욱 문제를 해결해야만 하는 숙명을 지닌 업에 가깝다. 캄캄함을 안겨 주는 문제의 원흉이 내가 아니더라도 이를 해결할 수 있는 키를 찾아내야 한다. 한 프로젝트를 진행할 때 발생하는 권리 비용은 보통 정해져 있다. 정해진 건 없다는 기조를 지닌 상사의 네고 오더. 대략 절반 이상을 요구했고 정작 목소리를 내야 하는 건 나였다. 예산도 충분했고 네고 할 이유는 없었지만, 상사에겐 여전히 네고 하지 않을 이유는 없었다. 어쩌겠나, 해결책을 찾아야지.

이럴 땐 담당자에게 내가 아니라 나의 상사로부터 이런 지침이 있었다고 고민을 토로하듯 서두를 꺼내곤 한다. 어찌 되었든 그와 난 프로젝트를 해내야 하는 입장이고 권리 비용을 줄일 수 있는 방법론을 찾아야만 하니까. 더 이상은 절감이 어렵다는 답변까지 들었다.

이 정도면 충분하단 생각에 상사에게 공유했지만 돌아오는 건.

"아직 부족하다. I'm still hungry."

자리에 돌아와 자포자기 상태로 방관하고 싶었다. 며칠 동안 손을 놓고 다른 문제들을 숙제처럼 풀던 중 담당자에게 연락이 왔다. 저자세였고 양해 구할 게 있다는 그의 첫마디. 우리가 먼저 선점한 프로젝트 일정 대신 다른 날로 변경할 수 있을지 문의였다. 솔직히 일정은 하루 차이고 오히려 당겨져서 좋았다. 다만 네고를 더 해야 한다는 암묵적 지침이 있기에 이미 내부 보고가 진행되어 곤란하다는 서운함을 내비쳤다(다시 보고를 드려야 한다는 수고스러운 일이 있는 게 사실이다). 담당자는 베네핏을 제공했고 자연스레 원하는 권리 비용 플러스 알파를 얻게 되었다. 단순히 운이 좋았다. 도저히 해결할 엄두가 나지 않는 문제를 기계장치의 신처럼 누군가 해결해 주는 이런 경험은 또 처음이었다.

　방법은 어딘가에 있다. 내가 찾거나 누군가의 도움으로 찾거나. 혼자 나서기보단 실무자와 함께 해결해야 한다. 우리에겐 늘 시간은 없고 숙제는 넘쳐 나니까. 숙제가 장기간 미제로 남는 일만큼 커다란 부담감은 없어야 하니까.

25

쓸데없는
질문도
쓸데 있게
만드는
팀원이 있다?

구글에서 최고의 퍼포먼스를 내는 팀의 근원은 바로 '안정감'이라고 한다. 실수를 해도 서로에게 의지할 수 있는 팀, 마치 시몬스 침대처럼 흔들리지 않는 편안함을 가진 팀이라면 그들 또한 흔들리지 않을 것이다.

회사 분위기를 만드는 주역은 피도 눈물도 없는 '숫자'다. 실적이 좋은 날은 윗분들의 결재도 수월하고, 사무실 분위기도 하하 호호 웃음꽃이 피어난다. 반면, 실적이 기대에 못 미칠 경우 사무실은 키보드 소리만 가득하다. 왜 실적이 낮았는지를 증명하는 업무가 시작되는 것이다.

안정감이 있는 팀을 보면, 밸런스가 기가 막힌 닭목이 떠오른다. 한곳을 고정적으로 응시하며 유연한 모습, 공통의 목표를 향해 흔들리지 않는 기조, 몸통을 잡고 위아래 좌우로 흔들어도 꼿꼿한 자세로 서 있는 그 늠름함. 떨어지는 실적에도 좌불안석하지 않고, 굳건히 목표를 정비하며 한곳을 응시하는 배짱. 닭에서 이런 태도를 배울 줄은 몰랐다.

의지할 곳이 있다는 건 얼마나 다행인지 모른다. 이미 시스템이 갖춰진 곳에 투입된 사람이라면 그 다행을 더 실감할 수 있을 것이다. 회사에서 사용하는 프로그램을 다루다 보면, 중간중간 튀어나오는 오류에 부딪힐 때가 있다. 그때는 숨이 턱 막힌다. 이건 유튜브나 네이버 검색으로 해결되는 문제가 아니니까. 결국, 바로 주변 사람에게 도움을 요청할 수밖에 없다. 만약 그 사람도 모른다면, 스스로 해결해야 한다. 여러 가지 방법을 시도해 보고, 결국 두 손 두 발 다 들었을 때, 거침없이 고개를 돌려 입을 연다.

"이 부분이 잘 안 돼요."

그때마다 친절하게 답해 주는 사수가 있다. 얼마나 다행인가. '이런 질문을 해도 될까?'란 걱정 없이 마음껏 질문할 수 있는 팀원을 만난다는 건, 어쩌면 행운이라는 지인의 부러움 섞인 말이 떠오른다.

하찮은 질문을 자유롭게 던질 수 있다는 지금의 상황에 감사함을 느끼며, 내일 출근을 위해 푹 쉬어야겠다.

26

직급이 주는 의미

'책임'이란 직급이 있다. 주임, 선임, 책임. 그 직급에 도달해야만 팀장을 맡을 수 있다. 이 단어가 지닌 막중함은 이름에도 고스란히 담겨 있다. "책임을 진다"는 말. 타인의 실수를 탓하기보다는 "내 탓이다"라는 자세에 가까워지는 부담스러운 직급.

내가 책임이 된다면 어떨까? 팀원들이 나에게서 안정감을 느낄 수 있을까? 지금의 업력으로 그 자리에 오른다면, 나에 대한 신뢰는 유통기한 짧은 음식처럼 금세 상해 버릴지도 모른다. 그래서 더욱 천천히, 건강하게 내공을 쌓아야 한다. 패스트푸드가 아닌 슬로푸드처럼. 초밥 장인이 한 알 한 알 정성스레 빚은 밥 덩어리처럼, 윤기 있고 탱탱한 유연성을 가진 사람이 되고 싶다.

회의를 하다 보면 직급별 역할이 또렷이 구분된다.

아이디어를 내는 자리에서는 주임이 키를 잡기도 한다. "요즘 핫한", "요즘 영 타깃은" 같은 말로 시작하며 자유롭게 아이디어를 펼친다. 아이디어에 대한 책임감은 살짝 내려 두고, 이색적이거나 조금 다른 관점에 더 집중할 수 있다.

선임은 실질적인 실행자다. "세 시간 후 실행 가능한" 현실적인 아이디어를 가져오는 편이다.

주임이 제시한 다양한 아이디어에 현실성을 부여하고, 보고용 장표로 실행될 수 있도록 브리지 역할을 한다.

　책임은 대체로 이분법적 사고를 한다. 그 제안을 실행할지 말지. 물론 결정만 내리는 것은 아니다. 직접 아이디어를 제시하며, 그간의 노하우를 바탕으로 주임과 선임의 아이디어를 더욱 크리에이티브하게 빛내 주는 경우도 많다. 그럴 때마다 느낀다. 오래된 내공에서 나오는 깊이는 역시 다르다는 걸. 결정권을 가진다는 건, 그만큼 많은 이들의 인정을 받아 왔다는 뜻이기도 하니까.

　때로는 막히는 상황에서 "책임이라면 어떻게 해결했을까"를 먼저 떠올려 본다. 내 직급에서 가능한 방식보다, 한 단계 더 깊이 고민하게 된다.

　"주임처럼 아이데이션하고, 선임처럼 설득하며, 책임처럼 실행하고 마무리 짓자."

27

마케팅,
아직 나에겐
막해팅

사무실 자리를 보면, 여러 크기의 포스트잇이 여기저기 붙어 있고, 빼곡한 손글씨가 적힌 달력이 조용히 존재감을 뽐내고 있다. 가끔은 Alt+Tab을 반복하며 한 가지 일에 집중하지 못할 때가 있다. 그럴 때면 마우스에게 잠시 휴식을 주고, 펜을 들어 포스트잇을 찾는다.

Alt+Tab의 대상이 된 항목들을 나열한다. 네모난 체크 박스를 하나하나 직접 그리고, 한 글자씩 또박또박 적으며 우선순위를 정리한다. 가장 먼저 해야 할 일에는 작은 점을 찍어 표시하는 걸 마지막으로 포스트잇 필기는 끝난다. 다시 마우스를 잡고, 첫 번째 일을 마무리하기 위한 세팅에 들어간다. 그리고는 '이거 끝내고 화장실 간다'는 쓸데없이 비장한 다짐으로 마음을 다잡는다.

하나하나씩 미션을 해결해 나갈 때면, 특히 체크 박스에 시원하게 취소선을 그을 때마다 묘한 성취감이 쌓인다. 괜히 마케팅이 '막해팅'이라 불리는 게 아닌 듯하다. 꽤 많고 다양한 일을 하고 있었다. 숫자는 물론 광고부터 오프라인 프로모션, 제품 표기까지, 심지어 실행 과정에서 생길 수 있는 이슈를 방지하기 위해 세세하게 따져 보는 각종 규제들까지 이곳저곳 연락해 가며 답을 찾아가는 과정, 그 자체가 문제 해결의 연속이다.

극한의 문제가 발생하면 어떻게든 해결하려 하거나, 말도 안 되는 방법이라도 기어이 해내는 영화를 떠올리게 된다.

마케팅 직무를 처음 맡은 지금, 체감상으론 〈미션 임파서블〉 같은 영화에 버금가는 듯하다.

28

요즘
AI가
핫하다며?

"팝업에 AI 요소가 추가되었으면 좋겠다."

실제로 업무에 AI를 쓰게 될 줄이야. 순조롭게 마무리되어 가던 프로젝트에 윗분의 조언이 더해졌다. 유관 부서와 아이데이션 과정을 거친 뒤, 우리 팀이 맡게 된 업무는 홍보 포스터 제작이었다. 대행사에 어떻게 제작 요청을 할지 고민하던 찰나 실장님께서 조용히 다가왔다.

"며칠 뒤 보고해야 하니 후딱 포스터 만들어 봐."

"제가요?"라는 말이 튀어나올 뻔했지만, 꾹 참았다. 어디선가 들었던 정보를 바탕으로 미드저니에 접속해 봤지만 유료 버전으로 전환된 상태였고, 챗지피티 4부터는 이미지 생성이 가능하다고는 하나 그것도 유료였다. 설상가상으로 DALL·E(달이)는 서비스가 중단된 상황.

이곳저곳 디깅하다 보니 '플레이그라운드'라는 곳을 발견했고, 유튜브를 통해 사용법을 익혔다. 챗지피티로 포스터에 필요한 틀을 먼저 만들고, 그 내용을 그대로 프롬프트에 붙여 넣었다. 원하는 톤 앤 매너의 필터를 고르고 시험 삼아 그림을 몇 장 뽑아 봤는데, 의외로 퀄리티가 괜찮았다. 부족한 부분이 있으면 프롬프트를 조금씩 수정하며 정교하게 다듬었다. 하루에 50장까지 무료로 만들 수 있으니 신중하게 써야 했다. 거의 50장을 다 채워 갈 즈음, 우연히 내 뒤를 지나가던 실장님께서 이미지들을 살펴보시더니 하나를 콕 집어 선택했다. 눈알이 네 개인 새우인 것만 빼고는 쓸 만했다.

포토샵으로 눈알만 수정한 뒤, 팝업 슬로건과 로고를 넣었다. 오…. 정말 AI가 만든 게 맞나 싶을 정도의 퀄리티. 며칠 뒤 그 이미지가 공식 계정 피드에 업로드되었고, 심지어 다른 매거진에서는 팝업 관련 정보 콘텐츠의 표지로까지 사용되었다.

AI와 처음으로 합심한 결과물은 허무할 정도로 간편하게 완성됐다. 이렇게 쉽게 AI를 공식적인 업무에 활용해도 되는 걸까 왠지 모를 씁쓸한 기분이 들었지만 좋은 경험으로 안고 가련다.

29

결핍의
가능성

직무를 옮긴 지 사계절이 지났다. 한파를 맞이한 1월의 어느 날이었고, 날씨뿐만 아니라 내 속도 알싸하게 서늘했었다.

4년 차를 앞둔, 익숙함을 넘어 안일함에 가까워질 즈음에 직무가 바뀌었고 다시금 인턴이었던 순간의 공기와 분위기가 고스란히 키보드에 투영되고 있었다. 타자 소리는 무소음에 수렴했고 자신감도 마찬가지였다.

그렇게 첫 분기 같던 한 달이 지났다. 그럼에도 불구하고 새로운 시스템과 문화를 체화해 내야 했다. 끝이 보이지 않는 마인드맵을 그리는 기분. 하나의 문제를 꾸역꾸역 해결하면 곧장 비슷하게 생긴 다른 문제와 직면해 있었다. 분명 해결법은 비슷할 것 같아도 역시나 아니었다. 새로 익힌 프로세스는 곧장 살아남기 위해 만들어 둔 매뉴얼로 향했고, 장표는 일력마냥 하루를 못 참고 넘어가고 있었다.

1년이 지난 지금. 다행히 매뉴얼 장표의 무한 증폭은 없어졌다. 물론 매일매일 배우는 건 변치 않고 있다. 지난 1년간은 해야 할 일이 당최 어디까지인가, 즉 범주의 모호성으로부터 발아하는 당혹감이 컸다. 반면 지금은 '다루고 있는 툴을 더 깊게 다룰 수 있었다면 능률적이지 않았을까'라는 아쉬움, 순전히 능력의 결핍을 한탄하게 되는 상황이 하나둘 생기고 있다. 고레에다 히로카즈는 《걷는 듯 천천히》 중에서, 결핍은 결점이 아니라 가능성이라고 했다. 그가 내 앞에 있다면 이렇게 말할 것이다.

"당신을 허덕이고 있게 하는 결핍은 앞으로의 가능성입니다."

툴을 완벽히 이해하고 화려하게 활용하지 못하고 있다는 지금 내 결핍. 주어진 일을 좀 더 이른 시간 안에 능률적으로 하고 싶다는 욕심에서 비롯된 결핍. 지금 당장은 '왜 진작 이런 기능을 사용하지 못했을까?' 싶은 생각이 주도권을 쥐고 있지만, 어쩌면 이런 결핍 덕에 어제까지만 해도 욕심이라 지칭했던 해결 능력에 한 걸음 다가갈 수 있게 된 것이다. 결핍에 대한 메타인지 덕분에 지름길을 찾게 된 것.

예쁘장하게 포장된 둘레 길로 목적지까지 가기엔 오랜 시간이 걸린다. 가끔은 버젓이 앞에 놓인 길을 벗어나 비포장된 길에 발을 디뎌 봐야 정상으로의 거리감을 좁힐 수 있지 않을까. 비포장된 길도 여러 번 왔다 갔다 흔적을 남기면 언젠간 하나의 길이 된다. 장애물로 보였던 나무를 버팀목 삼아 힘껏 올라가 보자. 하도 잡아 대서 반들반들해진 나무가 주위에 많아질 때까지. 언젠간 길이 트일 것이고 햇빛에 반사되고 있는 저 반들반들한 나무의 허리가 목적지로 가는 더 편한 길을 안내해 주고 있을 테다.

30

샘플링으로
윈윈 할까요?

브랜드 컨설턴트 노희영의 유튜브 채널에서 '마켓오 브라우니' 샘플링 에피소드를 보게 되었다. 먹는다는 거는 누구랑 먹는지가 가장 중요하다는 말, 좋아하는 가수 콘서트에서 열심히 응원하다가 당이 떨어진 순간, 나눠 준 과자를 먹었다면 맛없는 과자도 맛있을 것이라는 말, 콘서트에 온 1만 5,000명이 (마켓오 브라우니가 맛있음을 알려 주는) 나의 마우스가 될 것이라는 말. 공감해서 고개를 끄덕였다.

마케팅에서는 제품을 제공해 주는 홍보 활동을 '샘플링' 또는 '시딩'이라 부르곤 한다. 샘플링의 역할과 효과는 단순하면서 명쾌하다. 기업 입장에서는 신제품을 홍보할 수 있고, 주최 측에서는 고객들에게 신제품을 무료로 나눠 줄 수 있는 상부상조 프로젝트니까.

신제품 마케팅엔 샘플링만 있는 게 아니다. 신제품을 적극적으로 홍보하고자 하는 윗분들의 니즈가 있다면, 풍족한 예산이 담긴 품의서를 올려 공식적인 활동을 예고한다. 예전에 비해 광고의 파급력이 크지 않다는 여러 전문가의 말이 있긴 하지만, 신제품 같은 경우는 인지도를 높이는 게 최우선 과제인 만큼 빼놓을 수 없는 마케팅 수단인 건 사실이다. 광고에만 그치는 게 아니라,

온-오프라인 캠페인을 기획한다. 우리 제품의 소구 포인트와 '얼라인'되는 타 브랜드와 협업할 수 있고, 목표로 삼고 있는 타깃의 눈길에 한 번이라도 닿기 위해, 유튜브 PPL까지 알아본다.

자사 SNS 채널이나 타사 매거진 등 F&B(음식료품)에 관심도가 높은 분들을 대상으로 신제품의 맛과 매력을 여실히 보여 주고자 한다. 동시에 콘서트나 타사의 팝업 등 우리 제품의 소구 포인트와는 살짝 결이 다르긴 해도, 많은 분께 선보일 수 있는 곳이라면 샘플링을 할 수 있다.

하지만 수많은 분에게 무가로 제품만 나눠 주는 건 수지타산에 맞지 않는다. 샘플링을 하는 곳에 홍보 배너를 설치한다거나 주최 측 SNS에 제품 협찬을 알리는 콘텐츠 업로드는 권리 사항 정도의 베네핏이라고 보면 된다.

마케팅으로 직무를 옮긴 후 맡게 된 첫 업무가 샘플링 리스트업이었다. 지금은 단종되었지만 "건강한데 맛있다"가 브랜드 원 포인트 메시지였던 '우와한 스낵'이 대상 제품이었다. 이곳저곳 무턱대고 제품을 나눠 주기보단, '건강'과 관련된 곳에 제품을 선보이는 게 좋지 않겠느냔 생각에 헬스장이나 필라테스 체인점에 연락하기도 했고, 스포츠 대회가 뭐가 있을지 디깅해 봤던 기억이 있다. 큰 규모로 운영하는 풋살 대회의 주최 업체와 연락이 닿았고 흔쾌히 우리의 샘플링 제안을 받아 줬다. 업체에서는 스낵 후원을 해 준 대가로 여러 설치물에 후원사 로고를 크게 넣어 줬고, 경기에 참여하는 선수들이 쉬는 시간에 스낵을 먹고 있는 자연스러운 모습도 촬영해 SNS에 올려 줬다. 이렇게나 적극적인 파트너를 처음부터 만나게 된 건 참 행운이었다.

최근까지도 샘플링 업무는 계속하고 있다. 와사비 시리즈로 새우깡과 크레오파트라가 동 기간 출시했고 대부분의 마케팅 활동도 함께했다. 와사비 맛인 만큼 패키지는 초록색이 키 컬러였고 자연스럽게 컬러 마케팅도 계획 중이었다.

컬러 마케팅 방안으로 무엇을 하면 좋을지 사수와 고민하던 찰나, 회사와 제휴를 맺은 '캐릿'이라는 최신 트렌드에 '빠삭한' 업체의 에디터들과 미팅을 갖게 되었다. 최근 알파 세대와 그들의 부모 세대 사이에서 프로레슬링이 화두가 되고 있고, 3,000석 규모의 레슬링 경기도 순식간에 매진되었다는 뉴스를 공유받았다.

심지어 레슬링에서 인기가 많은 '진개성'이란 선수가 있는데, 머리색부터 옷차림 등 초록색이 시그니처 컬러였다. 어쩌면… 컬러 마케팅?이란 생각이 스쳐 지나감에도 불구하고 갑자기 레슬링을 연결하기엔 너무 뜬금없지 않을까 혼자 고민하고 있는 찰나, 사수가 눈빛을 반짝이며 "이번 와사비 시리즈 마케팅 플랜에 레슬링도 추가해 볼까요?"라 했고, 그 이후 PWS(프로레슬링소사이어티코리아)와 미팅까지 빠르게 성사되었다.

PWS에서도 놀란 것 같았다. 한국에서 프로레슬링 규모가 점점 커지고 있는 건 사실인데 이렇게 먼저 후원 문의가 올 줄 몰랐다며 서로 윈윈 하는 방향으로 진행해 보자는 결론으로 미팅은 잘 마무리되었다. PWS의 적극적인 도움으로 한국 프로레슬링의 간판 스타인 진개성을 활용해 곧 개최될 경기에 오는 모든 이에게 와사비 스낵을 준다는 영상 콘텐츠도 올리게 되었고, 경기장 내 관중들의 시선이 집중되는 곳인 링 포스트에도 홍보물을 비치했다. 하나 아쉬웠던 건 스낵을 먹으면서 경기를 볼 수 없었다는 점인데 그래도 속이 뻥 뚫리는 레슬링 경기를 보고 난 후 우리 와사비 스낵을 접하게 된다는 점에 의의를 두었다. 와사비맛도 코가 뻥 뚫리니 레슬링 마니아 분들이 좋아해 주시지 않을까라고 긍정 회로를 돌렸다.

경기장에서 놀랐던 건 생각보다 진개성의 인기가 대단했고, 이를 증명하듯 초록색 굿즈로 중무장한 관객들로 관중석이 물들어 있었다. 마찬가지로 우리 제품도 초록색이라 자연스럽게 연결되었다. 새우깡이 알파 세대보단 3040 세대에게 친숙한 브랜드라면, '와사비새우깡'은 알파 세대에게도 친구 같은 브랜드가 되면 얼마나 좋을까.

이번 샘플링을 시작으로 영 타깃들에게 계속 손이 가는 새우깡이 될 수 있는 여러 활동들을 펼쳐 보고 싶다는 욕심이 스멀스멀 샘솟았다.

31

패키지의
변신은
무죄

제품을 출시하고 운영하는 BM(브랜드 마케터)이라면, 디자인팀이 매우 밀접한 유관 부서일 테다. 신제품을 낼 때만 디자인팀과 협업하는 건 아니다. 제품 표기 사항에 변경해야 할 점이 생겼을 때나 노후화된 브랜드 이미지를 탈피하고자 리뉴얼을 할 때도 작업을 의뢰한다.

다만, 디자인팀의 주력 업무는 신제품 패키지 디자인이 아닐까 싶다. 제품 첫인상에 큰 역할을 하는 건 패키지 디자인이니까 디자인팀에서도 표기 사항만 수정할 때보다 심혈을 기울이는 작업임이 분명할 테다.

고로 '디자인 브리프'를 작성하게 될 때는 나름 고심을 들여 브리프의 공백을 채우고 디자인 작업을 꼭 해야만 하는 근거 있는 미션을 주고자 한다.

새우깡이나 먹태깡 등 기존 브랜드에서 새로 출시하는 제품 같은 경우는 아예 새로운 브랜드를 출시하는 게 아니기에 비교적 디자인 브리프 작성은 용이하다.

기존 제품의 아이덴티티는 유지하되, 맛 타입을 고스란히 반영할 수 있는 키 컬러와 씨즐이 주안점이 된다. 정답은 없지만, 모범 답안은 있는 느낌.

편의점이나 마트 매대에 진열될 때, 기존 제품 옆에 비치될 것도 염두에 두고 디자인을 결정한다.

모브랜드와 너무 달라 보이면 아예 신제품처럼 인식할 수 있어서 기존 제품에 '기대기 효과'는 기대하기 어려울 테다.

반면, 너무 디자인이 똑같다면, 기존 제품과 차별성이 드러나지 않기에 타깃에게 큰 기대감이나 맛에 대한 궁금증을 안겨 주는 효과는 적을 수도 있다.

너무 달라 보이지도 않고, 비슷해 보이지 않는 그 정도를 찾는 게 디자인팀과 마케팅팀의 영원한 숙제다.

매년 복날마다 운영되는 프로젝트가 있다. 닭다리 스낵 복날 프로모션. '복날엔 닭다리'라는 재밌는 아이디어에서 출발한 프로모션이다.

수년간 복날을 연상시키는 패키지로 리뉴얼하고 있었다. 이전 진행했던 이력을 보면, 주변 삼계탕 맛집에 샘플링을 하기도 했으며, 닭다리 패키지(카톤 박스) 안에 '복 카드'를 심어 두어서 '먹을 복', '행운행복' 같이 복을 빌어 주는 히든 메시지 카드를 소비자에게 전하기도 했다. 복날에 닭다리 먹고 또 복날 선물로 닭다리를 줄 수 있다는 점을 알리는 게 포인트였다.

25년 닭다리 복날 프로모션부터 본격적으로 인볼브(참여)하게 되었고 "복날 선물엔 닭다리"란 메시지를 명확히 하는 것을 목표로 두었다. 패키지 전면에는 "복날 선물이닭" 또는 "복날 기념이닭"이란 문구가 크게 보이도록 했고, 서브 메시지로는 "이번 복날 선물은 닭다리닭"으로 선물의 목적을 잊지 않았으면 했다. 패키지 후면에는 직접 커스터마이징 할 수 있게 원고지 형태로 '○○○닭' 디자인을 했다.

실제 SNS에서의 반응을 보면 좋아하는 연예인 이름을 적거나 짧은 편지로 활용하는 인증샷도 여럿 봤다. 아직까진 빼빼로데이만큼의 파급력은 없지만, "복날 선물엔 닭다리"가 학생들 사이에서 유행처럼 오가는 날이 오기를 기대하고 있다.

이런 욕심이 있어서 그런지 전면과 후면의 패키지 디자인만 리뉴얼 하기보단 좀 더 새로운 접근을 하고 싶었다. 고민이 퇴근길까지 이어지던 때, 중학생 아님 초등학생으로 보이는 세 명이 무인 슈퍼에서 닭다리를 들고 나오는 걸 봤고 실제로 초등학교 시절엔 친구들과 닭다리를 자주 먹었던 기억이 났다.

학교 끝나고 편의점에서 닭다리와 컵라면을 먹으면서 유행하던 핸드폰 게임을 즐겼던 추억이 닭다리 안에 있는 '숨은그림찾기'로 연결되었다. 다음 날 숨은그림찾기 대신 핸드폰 게임으로 연동할 수 있는 QR코드를 넣을 수 있을지 문의를 해 보았고 가능하다는 회신을 받았다.

복날에 닭다리 스낵을 먹으며 재밌게 친구들이랑 게임을 할 수 있으면 좋겠다는 생각은 확고해졌고, 협력사에 게임을 의뢰해 '복날 선물을 주기 위해 모험을 떠나는 닭다리 게임'을 제작했다. 해당 게임의 레퍼런스로 삼은 건 크롬 다이노 게임이다. 픽셀화된 공룡처럼 픽셀화된 닭다리 캐릭터와 닭다리 모양의 장애물을 뛰어넘어야 하는 게임이 탄생하게 되었고, 주말에 게임 서버가 터지는 상황이 발생될 정도로 이용자가 많았다.

말복이 지나고 다른 서비스의 원활한 트래픽을 위해 닭다리 게임은 아쉽게도 막을 내리게 되었지만, 내년 복날엔 좀 더 규모감 있는 닭다리 게임을 기획해 보면 재밌겠다는 기대감을 올려 주었다.

이처럼 패키지 리뉴얼은 큰 효과가 있는 게 자명하다. 자사 SNS 채널과 여러 인플루언서를 통해 닭다리 게임 참여 방법을 안내하긴 했지만, 게임에 입장할 수 있는 QR코드가 내장된 패키지가 모든 유통사에 비치되는 시점부터 서버 트래픽이 마비되기 시작했다. 조금 오버를 하자면, 전국에 송출되는 텔레비전 CF보다 타깃에 직접적인 홍보 효과가 있는 건 패키지 리뉴얼이라 생각한다.

CF에서는 지금 당장 닭다리를 먹고 싶고 예전에 친구들과 나눠 먹었던 추억이 있는 타깃을 콕 집어서 광고를 송출할 수 없으니까. 오늘 과자를 사러 마트에 간 소비자 대상으로는 패키지 리뉴얼만이 명확하게 전달하고픈 메시지 전달을 할 수 있다.

"복날이 곧 다가오는데 주변 지인에게 닭다리 선물하는 건 어때요?" 또는 "예전에 먹었던 닭다리 스낵 아시죠? 패키지 디자인 바뀌었는데 이번 기회에 다시 먹어 보는 건 어때요?"라며 아이 레벨에 놓인 매대에서 친절히 메시지를 보낼 수 있다.

뜻이 통한 소비자가 우리의 소구 포인트에 걸맞게 제품의 마케팅 장치를 활용하고 그것을 SNS에 인증까지 한다면 더할 나위 없이 기쁘다.

요즘같이 마이크로 인플루언서가 많아지고 있는 시점에서 패키지 리뉴얼을 통한 마케팅 활동은 자연스러운 바이럴 효과를 양산하기에 유의미하다고 본다.

익숙한 제품에서 낯선 포인트를 발견했을 때 공유하고 싶어하는 소비자의 욕망을 계속해서 터치해 보자.

32

그렇게 브랜드의 아버지가 된다

세상에 처음으로 출시되는 제품의 시작은 어떨까? 요즘 유행하는 맛 타입에서 발현될 수도 있고, 소비자들에게 이미 유명한 타 브랜드와의 콜라보일 수도 있고, 오랫동안 묵혀 왔던 개발팀의 숨겨 둔 무기일 수도 있다.

아무리 핫한 브랜드랑 콜라보한 신제품이라도 반짝 인기만 누려 단종될 수 있고 실제로도 그런 케이스를 꽤 보게 된다. 반대로 '현시점에서 맛이 소비자의 관심 밖인 스낵을 당최 왜 출시하지?' 의구심이 가득했던 제품이 대박을 터뜨리는 사례도 충분히 있을 수 있다. 초반부터 대박을 기정사실로 한 제품 출시는 없다고 본다. 다만 음원이 역주행하는 것처럼 출시 석 달 동안 뜨뜻미지근했던 제품이 역주행할 수도 있는 게 요즘은 꽤 자연스러운 현상이다.

이런 모순 덩어리로 가득한 상황이라도, 신제품 출시에 대한 목적과 신조는 구축해 두려고 한다. 물론 내 뜻대로 할 수 없는 게 숙명이긴 하지만 본인만의 기조가 없다면 추후 신제품 출시 때마다 같은 실수를 반복하게 되지 않을까. 본인만의 기준이 있어야만 길을 잃지 않게 되고 노하우가 생길 수 있는 업력이 쌓인다고 생각한다.

지극히 개인적 고찰에서 도달한 신제품 출

시 조건은 '뉴 노멀New+Normal'이다. '익숙한데 낯선 것'이라는 문장 자체가 비문처럼 보이지만, F&B라는 카테고리 관점에서 보면 아주 틀린 말은 아니다. 어디서 본 것 같은데 스낵이라는 카테고리에서는 처음 보는 간식거리. "친구들이랑 술 마실 때 먹던 안주 맛의 스낵이 나왔다고?"라는 말이 나올 수 있는 제품. 과연 이 낯선 스낵이 내가 알고 있는 익숙한 그 맛을 대체할 수 있을지 은연중 도전 정신을 자아내는 게 뉴 노멀에 부응하는 신조이다.

운 좋게도 뉴 노멀에 근접한 제품이 먼저 다가오기도 하지만, 대부분은 제조 공정상 생산이 불가능하고, 공정이 가능하다 해도 추가 생산할 수 있는 캐파(생산 능력)가 없다는 장벽을 해결하지 않는 한 제품 출시는 힘들다.

하지만 이 제품만은 꼭 세상의 빛을 봐야 한다는 강력한 니즈가 있다면 출시가 불가능한 것은 아니다. 같은 라인에 있는 기존 제품을 단종시키는 것 또는 공장에 추가로 설비를 놓는 법. 아무리 신제품이 성공을 할 것 같아도 누가 이런 모험을 속행할 수 있겠는가. 기회는 준비된 자에게 온다는 말이 있지 않나. 뉴 노멀에 근접한 신제품 아이디어를 차곡차곡 모아 두고 있다. 상상 속에서만 먹어 봤던 맛을 개발팀에서 시제품을 만들면 팀원들과 맛보고, 소비자 조사를 거쳐 "익숙한데 낯선 제품이라 계속 손이 간다"란 호평까지 받아 결국 신제품 출시까지 이어진다면 얼마나 뿌듯할까. 본인이 낳은 자식인 듯, 제품명을 본인의 별명으로 삼을 정도로 그 자부심은 늘 마음속에 자리 잡아 매일 아침마다 출근할 수 있는 용기를 줄 테다.

24년 1월에 마케팅 직무로 옮긴 후 25년 8월까지, 담당으로서 신제품 출시에 온전히 전력을 바쳤던 경험은 아직 없다고 볼 수 있다. 현재 맡은 파트가 신제품 출시에 주력하기보단 새우깡, 꿀꽈배기, 자갈치, 닭다리 등 전통 브랜드가 다수이기에 브랜드가 '영'해질 수 있는 협업을 하는 데 꽤 큰 비용과 시간을 들였다.

다행히 타 부서에서 주관으로 진행하고 있는 '선행상품조사'란 프로젝트에 담당으로 참여하게 되어서 F&B 전문가의 자문을 토대로 다양한 연령대의 소비자와 토의하면서 새로운 스낵을 개발해 보긴 했다.

어떤 결과물이 있었는지 자세히 언급할 순 없지만 앞서 말했던 '익숙하지만 낯선 뉴 노멀'의 방향 아래 새로운 스낵의 실체를 찾고자 직접 소비자와 논의하는 과정을 거쳤고 해당 스낵은 컨셉 조사에서도 꽤 높은 점수를 받았던 적이 있다. 다만 단기간에 완벽하게 컨셉을 시제품으로 구현하는 건 불가능했고 현실적인 제약으로 인해 컨셉을 실체에 맞게끔 바꿔야 하는 상황까지 갔었다. 결국 시제품을 토대로 이루어진 소비자 조사에서 제시된 컨셉과 실제 맛의 차이가 커서 실망하는 분이 다수였고, 결국 전반적 만족도에서 낮은 점수를 받게 되는 아쉬운 결과를 본 프로젝트를 통해 맛보게 되었다.

앞으로 왕왕 벌어질 경험을 미리 겪어 보았다는 생각이 들었다. 그럼에도 불구하고 선행상품조사 프로젝트 덕분에 개발팀에서 지금 당장 출시할 수 있는 맛 타입과 스낵 제형에 대해 자세히 알 수 있었고, 소비자들이 스낵을 언제 먹는지, 왜 먹는지 직접 귀로 듣고 공감할 수 있는 귀중한 시간을 보냈다는 것에 큰 의의를 두고 있다.

소비자 조사 결과표 중 전반적 만족도가 높았던 제품에는 다음과 같은 특성이 있었다. 컨셉 점수가 타 제품에 비해 높진 않더라도, 맛에 대한 만족도가 컨셉 점수와 비슷했다는 것. 즉 컨셉과 맛의 밸런스가 좋았기에 전반적인 만족도 또한 높았음을 말해 준다. 반면 휘황찬란한 컨셉으로 큰 기대감을 안겨 줬던 비장의 제품이 실망감 가득한 소비자 평가를 받게 되며 반면교사의 대상이 되어 버렸다.

아쉬움을 뒤로하고 이번 프로젝트에서 몸소 배운 한 문장으로 글을 마무리해 본다.

"좋은 제품의 조건, 컨셉과 본질(맛)의 밸런스."

어슬렁대다 주운 ▼

인사이트 한 조각

케이크

▽
축하 상징물의
황금기를
찾아서

케이크는 올드해졌다. 축하를 상징하는 케이크는 이제 '영'한 대체재들로 둘러싸여 선택을 받는 상징물이 되었다.

최근 인스타그램 피드를 보다가 피자 위 동그란 치즈를 툭툭 올리고 도화지 삼아 축하 메시지를 남기는 힙한 사진을 보았다. 케이크와 비슷한 형상, 동그란 축하의 상징. 기능은 비슷하다. 조각조각 나눠 먹을 수도 있는 정다움부터 초를 꽂아 소원을 빌 수도 있는 판타지 요소까지 흡수해 버렸다. 심지어 그 둘은 디저트라는 본질에서 시작하지 않았나. 충분히 오픈 마인드 자세를 취한다면 케이크 기능을 충분히 충족시킬 수 있다.

케이크가 축하의 상징성을 잃고 있는 것은 비단 피자의 위협뿐만이 아니다. 점점 제로 지향적인 사람들 속에 투 머치 칼로리 메이커인 케이크는 어쩌면 시대적으로도 부담스러운 존재일 테다(아…, 성심당은 예외로 두기로 하자).

제로 추앙자가 아닌 나도 어느 순간 생일 케이크를 사더라도 조그마한 것에 눈길이 가거나 아이스크림 케이크로 변주를 주곤 했다. 케이크는 클래식한 공식이 되었고, 특별한 날을 기념하기엔 클리셰가 됐다.

케이크의 위기는 식품 기업 정상급 브랜드들

에도 유사하게 나타나고 있을 테다. 아무리 최선호도가 높은 클래식한 제품이라도 막상 소비자들이 편의점에서 들고 나오는 건 프레시한 신상들. 고작 몇 푼인 제품일수록 사람들의 진입 장벽은 더 낮아진다.

어찌해야 할까. 클래식을 힙하게 만들 수 있는 방법이 있을까. 힙한 톤 앤 매너의 광고는 석 달이란 유효기간 동안만 바짝 선호도에 효과를 줄 뿐, 요즘 핫한 브랜드와의 콜라보도 쭉 지속되지 않는 순간 다시 클래식하고 올드한 이미지로 복구되고 말 거다. 이럴수록 단기간 프로모션에만 집중하는 간헐적 방법이 아니라, 브랜드 자체의 변화같이 굵직하게 달라질 결심이 필요한 순간이다.

브랜드 자산에 숨을 불어넣자. 하겐다즈도 그렇고 코카콜라도 그렇고 누구보다 오래된 브랜드지만 동시에 여타 경쟁사보다 젊은 브랜드다. 그들은 일단 문제 해결을 브랜드에서 시작한다.

하겐다즈는 소스의 우수한 제품력을 보여 주고파 투명한 패키지를 제작하고, 거꾸로 로고를 붙여 소비자의 편의성을 더해 준 세심한 배려도 사실 발단은 브랜드만의 자산을 돋보이게 하기 위함이었다.

최근 코카콜라에서는 '여러 음식과 페어링을 하기 좋은 음료' 포지셔닝을 잡아 가고 있는 듯하다. 그들의 크리에이티브에 유독 놀란 게 있다. 코카콜라의 자산인 로고를 활용한 옥외광고. taCO, LArge fried potato 등 여러 음식 글자에 포함된 COLA를 로고로 대체했다. 천재다 천재…. 이로써 코카콜라엔 저 세상 크리에이터들이 모여 있는 게 분명해졌다(아, 다시 케이크 이야기로 돌아오자). 케이크도 본체 갖고 있던 자산을 살려 다시금 축하의 상징이 될 수 있으리라 믿는다. 만약 케이크 연합이 있고 이 글을 거의 다 읽어 간다면 성심당을 필두로 그들의 자산인 '축하의 상징성'에 숨을 불어넣어 주길 바란다. 잠시 출장차 방문한 대전 근처 대구에서 응원해 본다.

   * 이 글은 투썸 스초생(스토로베리초콜릿생크림)이 탄생하기 전에 작성되었다.

국수

▽

음식으로
배우는
브랜딩

음식 자체를 브랜드로 본다면, 국수만큼 천재적인 브랜딩으로 구성된 음식이 있을까 싶다. 국수 하면 연상되는 건 장수의 이미지. 대부분 사람의 염원이자 우리가 어릴 때 늘 할머니, 할아버지께 입이 닳도록 전한 우리의 마음이기도 하다.

그런 정겹기도 부럽기도 한 장수라는 브랜드 연상 이미지를 국수는 예전이나 지금이나 가지고 있다. 그것도 기원전 100년 전부터. 국수가 장수 타이틀을 거머쥘 수 있었던 건, 한 썰에 의하면 중국 한무제 생일날 기점부터라고 한다. 본인 생일상에 올라온 국수를 보고 실망한 표정을 감출 수 없었다고 하던데 그때 동방삭이 이렇게 말했다고 한다.

"요순시대 팽조는 800세까지 살았다고 하는데 이는 면장수장, 즉 얼굴이 길었기 때문입니다. 오늘 폐하의 생일잔치에 나온 국수의 긴 모양에 비하면 팽조는 비교도 안 될 듯합니다. 그러니 어찌 기쁘고 뜻깊지 아니하겠습니까?"

국수는 그렇게 한 사람의 임기응변으로 인해 2023년까지 장수 음식의 이미지를 갖게 되었다.

물론 이와 같은 썰로만 어마 무시한 타이틀을 쟁취할 순 없었을 테다. 시대적인 타이밍이 잘 맞기도 해야 한다. 예전 우리에겐 밀가루가 희소성이 있는 재료였다. 고양이 똥으로 만든 커피도 엄청난 희소성으로 부의 상징이 되었듯, 국수는 재료의 희소성으로도 쉽게 먹을 수 없는 음식이곤 했다. 실제 《고려도경》에서도 "고려에는 밀이 적어 화북에서 들여와 밀가루 값이 매우 비싸서 성례 때가 아니면 먹지 못한다. 십여 가지 식미 중 면식을 으뜸으로 삼는다"고 적혀 있다.

국수는 기원전 100년 전엔 하나의 썰로 장수 이미지를 선취했고, 대략 고려 시대 때 희소성으로 가치를 높였다. 선대가 국수를 대하는 관점과 태도는 일종의 식문화가 되어 후대에 전해졌고 인스턴트 국수가 판치는 세상에도 불구하고 국수는 아직도 장수라는 연상 이미지를 지니고 있다.

국수에는 결혼을 암시하는 의미도 있다.

"언제쯤 국수를 먹을 수 있나?"

이게 언제쯤 결혼할 거냐는 의미라는데 아직 결혼 적령기가 아니라 그런지 좀 의아했다. 왜 국수가 결혼이랑 연관성이 있지? 실제로 아직까지 이런 말을 하는지는 잘 모르지만, 어른들은 자주 쓰고 있는 표현인 것 같다. 예전 결혼식이 어떻게 진행되었는지 모르기도 하고 결혼식 뷔페 세대인 지금 나에게 국수의 위상은 손이 많이 가는 부록 같은 음식이 되었다. 결혼 생활이 오래가라는 의미의 국수는 일차적 의미인 장수에서 파생된 만큼 결혼이라는 연상 이미지는 비교적 덜한 것 같다. 나와 같은 사람이 이미 여럿 있다면, 언젠간 국수가 결혼을 연상시킨다는 건 식문화 역사의 뒤안길로 가지 않을까 조심스럽게 예상해 본다.

국수. 무언가 면보다는 좀 더 인스턴트답지 않아 보인다. 회사 점심으로 비빔국수 먹겠느냐는 말과 비빔면 먹겠느냐는 건 질적인 차이가 느껴지기도 한다. 국수가 요리 느낌이라면 면은 조리에 사용되는 게 많아서 그런가 추측해 본다.

국수는 어떤 재료로 만들었는지에 따라 다양한 갈래로 펼쳐지기도 하고 국수의 지름에 따라 우동이 되기도, 쫄면이 되기도 한다. 굵기에 따른 식감과 양념의 조화가 잘 어우러진 음식들이 지금의 콩국수, 메밀국수, 비빔국수가 되었다.

국수는 장수의 이미지지만, 그렇지 않다. 같은 밀가루로 만들었지만 다른 브랜딩의 결과로 연상 이미지의 극명한 차이를 빚어 낸 게 아닐까라고 라면을 끓이며 생각해 본다.

크리스마스

▽
산타만 오면
준비 끝

크리스마스트리를 꾸며 볼까 이것저것 주문하던 날이었다. 그러다 문득 스쳐 간 물음표.

'유독 짧아 보이는 가을은 우리가 겨울을 일찌감치 준비해서 그런 게 아닐까?'

역대급 한파가 온다는 예보를 잊을 만큼 화사한 크리스마스를 기다리게 된다. 크리스마스. 어두컴컴한 밤에 우두커니 빛을 발산하고 있는 조명들, 그 뒤로 삼각형 모양의 나무가 겹겹이 쌓여 있는 트리의 잔상이 남는다. 그래서 그런지 나만의 단독적인 공간이 생긴 첫해부터 크리스마스를 제대로 준비해 보자란 다짐을 하게 되었다.

그리하여 연말 파티. 직접 한 음식과 적당한 가격대 와인의 페어링이 빠질 수 있을까. 평소 만나면 소주를 들이켜는 친구들을 집들이 겸 초대하기로 했다. 크리스마스 파티란 컨셉을 그들에게 납득시키기 위해선 첫인상이 중요하다. 문을 열자마자 반짝이는 트리, 은은한 분위기를 자아내는 주황색 조명 두세 개 정도. 음악도 빠질 수 없지, 캐롤 30곡쯤 모아 놓은 바이닐까지. 이 모든 걸 준비하는 데 대략 한 달 정도 걸린 듯하다. 덕분에 가을을 몸소 체험한 듯하다. 우수수 떨어지는 낙엽처럼 사그라드는 잔고. 뭉근하게 데워지고픈 방바닥에 당분간은 이별 통보를 보낸다.

11월 21일. 외근차 잠실 롯데월드몰에 왔다. 잔디 광장에 여러 팝업이 있었고 시장조사 겸 둘러보려는데 알고 보니 크리스마스 마켓 컨셉이더라. 대형 트리와 사진을 남기려는 사람들로 이어진 줄을 거슬러 빠르게 한 바퀴 돌았다. 눈만 왔으면 화이트 크리스마스나 다름없는 이 훈훈한 분위기. 가고자 했던 팝업에서 시식을 다 하고 본격적으로 둘러봤다. 크리스마스 모빌부터 레고, 하이볼, 인형. 체크카드를 만지작만지작대다 꾹 참았다. 분명 눈만 내렸다면 카드 슬라이스 들어갔을 테다.

크리스마스 마켓을 돌면서 여럿 디저트와 식품을 봤지만, 과자는 못 봤다. 크리스마스를 상징하는 과자는 아직 없는 듯하다. 물론 크리스마스는 시즌 한정이란 뉘앙스가 워낙 뚜렷해 이날만을 위한 신제품 출시는 쉽지 않다. 기존에 있는 제품을 활용하거나 두 제품을 조합해 하나의 문화를 만들어 낼 수 있지 않을까. 패키지로 대형 크리스마스트리를 만들자 해 볼까. 아님 대형 트리에 빨강, 초록 패키지를 오너먼트로 매달까. 대략 300일 넘게 여유 있으니 어디까지 할 수 있을지 맘껏 상상해 봐야지.

PB 상품

▽
어쩌면
파레토 법칙의
줄임말

고작 20퍼센트가 전체의 80퍼센트를 좌지우지한다는 현상을 파레토 법칙이라 한다. 예시를 보면 통화한 사람 중 20퍼센트와의 통화 시간이 총 통화 시간의 80퍼센트를 차지한다. 즉, 소수의 비율이 다수를 이끈다가 포인트로 보인다.

하지만 역설적이게도 파레토 법칙과 대척점에 이르는 법칙이 있다. 롱테일 법칙. 80퍼센트의 비핵심 다수가 20퍼센트 핵심 소수보다 더 뛰어난 가치를 창출한다. 2:8 법칙은 변함없으나 소수가 주체이자 실세인지 아닌지의 차이라 볼 수 있다.

왠지 모르게 식품 업계 매출 관련해서는 파레토보단 롱테일이 더 근접하지 않을까 싶어 살짝 분석해 봤다. 역파레토 법칙, 즉 롱테일 법칙에 의하면 인기도가 높은 상품 상위 20퍼센트보다 하위 80퍼센트 총 매출이 커야 할 텐데 과연 그럴까?

자사 브랜드로만 닐슨 데이터를 돌려 봤는데, 음…. 상위 20퍼센트 매출 비중이 압도적으로 컸다. 오히려 파레토 법칙에 가까웠지만 이마저도 상위 20퍼센트의 브랜드가 매출 80퍼센트를 차지하진 않았다. 법칙 같은 건 끼워 맞추기 나름이란 걸 감안하고 계산했지만 왠지 모를 실망감은 숨길 수 없었다.

롱테일 법칙이 그럴듯해 보였던 건 스낵 시장에서 두각을 보이고 있는 PB 상품의 존재감이었다. 식품 업계 스테디셀러 자리를 위협하고 있는 건 경쟁사뿐만 아니라 편의점 PB 상품의 몫도 크다. 심지어 편의점뿐만 아니라 대형 마트에서도 PB 상품이 즐비하게 되었고 판매대 황금 자리를 떡하니 차지하고 있기도 하다.

새로운 맛 타입에 대해 그들은 도전을 서슴지 않는다. 식품인데 이렇게까지 해도 되나 싶지만 이 생각의 출발은 보수적인 기업을 다니는 한 직장인의 걱정일 뿐이다. 동시에 든 걱정은 '감당할 수 있을까?'란 현실적인 문제다. 생산을 직접 할 수는 없을 테고 OEM(주문자 상표 부착 생산) 형태가 최선일 것이다. 영업이익이 좋지 못할 텐데, 장기적으로 보았을 때 신제품을 연속적으로 내면서 기존 제품의 퀄리티까지 케어할 수 있을지 의문이 들기도 한다.

기존 스낵 업계의 식품 개발팀은 고민이 짙어질 테다. 새롭게 준비하고 있던 맛 타입들 중 대개는 PB 상품으로 이미 소비자들에게 노출되었고, 만약 우리 브랜드로 출시된다면 새로운 충격을 안겨 주긴 어려울 것이다. PB 업체를 견제해 이색적인 맛 타입을 출시하는 건 내부 보고 단계에서 설득하기 쉽지 않을 터. 세상에 없는 맛이면서 우리 브랜드의 본질을 벗어나지 않는 그 정도를 찾아내고 설득하고 세상에 보여 줘야만 하는 부담이 있을 것이다.

하지만 이게 오히려 촉진제가 되길 바라는 입장이다. 스낵 시장에 PB 상품이란 메기가 슬며시 다가왔고 위기감을 모티프로 삼아 더 매력적인 신제품을 선보일 차례이다. 서로 윈윈 하는 비즈니스적 관계로, 감소하고 있는 스낵 시장의 부흥을 이끌어 냈으면 하는 마음이다.

팝 업

▽

팝업스토어
'성수'기

"여자친구 취미는 뭐니?"

여러 반찬을 락앤락에 넣으시던 엄마가 뜬금없는 질문을 하셨다. 쉽게 대답하기가 어려웠다. 잠깐의 머뭇거림 뒤에 답했다.

"패션?"

살짝 당황함이 깃든 답이었나. 쇼핑도 아니고 패션이라니. 쇼핑이라 말하기엔 소비하는 걸 좋아해 보이지 않을까란 선입견이 있었을 것. 엄마도 생각하셨던 답변이 아니었던지 다시 물어보신다.

"업종 말고 쉴 때 하는 거."

머릿속에 몇 가지 단어가 빙빙 돌았다.

'영어 공부? 흠…, 이것도 취미라고 말하긴 그렇고….'

'테니스나 스포츠류의 같은 답변을 기대할 텐데…. 무언가 활동적인 게 없나?'

같이 스포츠를 취미로 한 적이 없어 금방 답하기 어려운 질문이었다. 마지막에 떠오른 건 팝업을 찾아가는 건데 직관적으로 와닿는 취미는 아닐거란 자체적 판단하에 말을 줄였다. 결국 영어 공부라 말을 이었는데 석연치 않은 리액션으로 마무리되었다.

그 짧은 순간에 팝업이 맴돌 정도로 우린 꽤

자주 돌아다닌다. 하루에 두세 군데 간 적도 있는데 압구정과 성수를 단지 팝업만을 위해 오간 적도 있다. 그날은 날씨도 습하고 더워서 그런지 둘 다 거리가 있는 팝업은 무리였음을 인정했다. 24년 5~6월은 뷰티 계열 팝업을 주로 갔다. 디올, 샤넬, 루이비통, 그리고 논픽션. 구경을 마칠 쯤엔 출구에서 새로 나온 향수 샘플을 준다. 덕분에 '고오급' 향수 샘플들이 사무실 책상에 줄 서 있다.

팝업엔 트렌드라 주장하는 것들 천지다. 인생네컷 부스부터 AR을 이용한 옷 입어 보기 필터까지. 오직 팝업을 위해 이런 조형물을 만들었다고? 생각할 만큼 퀄리티가 좋은 작품들도 여럿 있다.

저절로 사진을 찍게 되는 경우는 예전보단 좀 적어졌다. 공간의 톤 앤 매너가 비슷하고 무언가 공장에서 찍어 낸 듯한 팝업이 많이 보인다. 심지어 명품 브랜드 팝업에선 안내를 도와주는 직원들의 머리 스타일과 옷 색깔까지 합의한 듯하다. 그리고 자조적인 시선이 가득할 확률이 크겠지만, 사람들도 하나의 과제처럼 팝업의 콘텐츠를 즐기고 있는 것 같다. 순서대로 입장하고 순서대로 조형물 옆에서 사진 찍고 나열된 브랜드를 차례대로 사진 찍고 체험해 보기도 하고 때론 구매까지. 그래서 그런지 기억에 남는 건 공간 분위기뿐이다.

팝업에 들어갈 때의 첫인상, 팝업의 컨셉이 전체적으로 통일감이 느껴질 때 기억에 오래 남는다. 팝업을 기획하는 브랜드는 이젠 체험에 익숙해진 소비자를 파훼할 기깔난 컨셉을 마련해 내야 하는 숙제가 생겼다.

개 인 브 랜 드

▽

기존 상식에 대한
반란

새로운 시도를 하지 않는다는 건 올드해지고
있는 것. 사람도 브랜드도 마찬가지이다. 아이러
니하게도 브랜드에서는 올드함이 무기가 될 수
있고 약점이 되기도 한다. 전통이 오래된 브랜드
가 지닌 묵직한 아우라. 오랜 세월 살아남았다는
건 그만큼 제품력을 인정받은 것이다. '40주년 기
념!'처럼 몇십 주년마다 당당하게 외치는 건 뻔하
지만 필요한 건 어쩔 수 없다. 그렇다면 브랜드가
올드해지지 않을 수 있는 방법은 뭘까. 젊고 감각
적인 마케팅은 기본이겠지만 아무래도 가장 강
력한 건 신제품 출시다.

1945년 시작된 배스킨라빈스. 아직까지 영 타
깃들이 찾는 브랜드가 된 이유가 뭘까. 중간중간
브랜드 리뉴얼을 시도하고 있음과 동시에 빠른
속도로 새로운 맛이 나온다. 또 여러 기업과 콜라
보를 하고 있다. 이런 콜라보 마케팅은 팝업 전성
시대에 핏한 방법이지 않을까. 팝업 시식 존에서
아직 출시 전 맛을 공개하면 찾아가 맛보고 싶듯
배스킨라빈스의 새로운 맛이 나오면 왠지 모르
게 눈길이 간다.

전통이 있는 아이스크림 전문점에 대항하고
있는 곳이 우후죽순 생기고 있다. 감각적인 인테

리어로 중무장한 젤라또 매장. 대기업을 때려치우고 터키로 젤라또를 배우러 갔다 와 창업을 한 분도 있다고 한다. 최근 우리 회사와 콜라보를 하고 싶다고 찾아온 대표도 있었다. 창업한 지 1~2년 안에 70곳까지 지점을 확장하고 있다고 한다. 기존 아이스크림에서는 찾을 수 없는 쫀득한 식감은 새로움을 갈망하는 소비자의 발길을 붙잡기에 제격이다. 과연 힙한 젤라또 매장이 전통 아이스크림 브랜드를 넘어서는 날이 올까? 그 시기는 언제쯤 도래할까.

비슷한 사례로 커피 브랜드가 연상된다. 팀홀튼, 블루보틀 등 커피 소비량이 세계적으로 톱 티어인 우리나라에 호기롭게 왔지만, 적자라고 한다. 그 이유는 저가 커피의 대세인 영향도 없지 않아 있겠지만, 개인 카페의 감각과 원두의 퀄리티 등 대형 커피 브랜드에 뒤처지지 않는 게 크다.

여자친구와 주말에 카페를 자주 가는데 열에 아홉은 개인 카페다. 이전에 팀홀튼, 블루보틀이 우리나라에 입점되었을 땐 그 론칭 시점에 한 번 가서 맛만 봤을 뿐, 재방문을 한 적이 거의 없다. 새로운 카페를 탐방하고 새로운 경험과 인사이트를 찾는 게 목적인 우리와 같은 사람들이 여럿 있을 테다.

MARKETER
COPYWRITER

회사 생활 잘하고픈 나에게

33

휴가의 시작, 늦잠

휴가 때 뭘 하고 싶냐는 말에 늦잠이라 답했다. 꾸욱 닫힌 창문의 빈틈을 어떻게 찾았는지, 틈새 사이로 굳이 비집고 들어오는 새벽 공기. 일 나갈 시간이라고 눈치 없이 말한다. 오늘은 일을 안 가니까. 새벽을 머금은 찬 공기를 무시할 수 있다. 이불을 뒤척이며 낸 부스스한 소리를 모닝콜로 대신하는 늦은 아침. 일어나서 시간을 보지 않고 여유롭게 기지개를 펼 수 있는 그런 아침. 하품을 더 오래 할 수 있는, 10분만 더 자겠다는 옹졸한 타협 대신 오후에 일어나겠다는 비장한 포부를 품을 수 있는 아침. 늦잠을 맞이하는 아침이다.

여유라는 잔상을 오래 간직하고 싶다. 허리가 뻐근할 때까지 침대에 누워 있다가 샤워할 준비를 한다. 5분 내로 씻어야 하는 평일과 충분히 대비되게 여유 그 자체인 올드 팝 플레이리스트를 튼다. 샤워기가 내뿜는 물 위에 연기가 하얗게 짙어질 때까지 기다린다. 머리부터 발끝까지 흘러내리는 물줄기. 가만히 숨을 멈춰 뜨거운 여유를 적신다. 늦잠을 온몸으로 느끼는 순간이다.

아침과 점심 사이, 인적 드문 동네 카페 창가에 앉는다. 나른한 햇빛을 조명 삼아 책을 읽는다. 마음이 가는 문장에 줄을 긋는다. 연필을 내려놓고 커피를 마신다. 다시 책을 읽는다. 낯선 자연광에 눈이 피로해질 때쯤이 되면, 한적했던 카페에 꽤 사람이 모여 있다. 줄을 긋는 연필 소리가 묻힐 때가 되면 책을 덮고 밀린 카톡을 읽는다. 이렇게 늦잠의 잔상이 마무리된다.

티끌만 한 휴가만큼 티끌만 한 늦잠의 잔상. 찰나의 순간이 더 기억에 남듯 여유롭게 즐겼던 늦잠이 그립다. 주말이 머지않았다. 약속이 없는 토요일에 늦잠이란 약속을 잡는다.

34

월요일의
숙취는
아메리카노로
해장하기

월요일을 실감 나게 해 주는 건 가로등이다. 보통 가로등이 꺼질 때 출근하고 가로등이 켜질 때 퇴근한다. 서울 끝에 살고 있기에 한강을 건너기 위해서는 6시에 일어나는데 해가 일찍 뜨지만 보통 집을 나서면 꽤 어두컴컴하다. 자전거를 타고 UFO가 뿜어내는 불빛 같은 가로등을 툭툭 지나친다. 약 5분가량 지나면 가로등 불빛이 꺼지고 온전히 자연에 의지한 지구를 보게 된다. 어둠에 밝은 물감 두 방울 정도 넣은 아침을 맞이한다. 유독 서늘한 월요일 아침은 뿌연 빛깔을 띠고 있다. 어둠이 희석되고 있는 것인지, 잠이 덜 깼는지 모르겠지만.

전날 술을 마시지 않았어도 월요일은 숙취가 남아 있다. 해장은 역시 아메리카노. 카페인이 잘 받지 않지만 커피 두 잔을 허용하는 날은 월요일과 야근 날이다. 나뿐만 아니라 월요일은 받아들이기 쉽지 않아 보인다.

심지어 월요병을 몸소 드러내는 사람도 있다. 짙어진 다크서클뿐만 아니라 예민함이 새어 나오는. "누가 월요일 오전에 회의를 하냐"라며 퉁명스럽게 말하곤 했던 그분은 점심을 먹고 오후가 되어도 예민함은 그대로였다. 그 날카로움은 말투에도 반영되어 같이 일할 때 불편할 정도였다. 그래서 그런지 월요일은 더 긴장되는 날이었다. 매주 월요일은 달력에 기재되어 있지 않지만 '○○ 님이 예민한 날'이었다.

월요일을 혐오하는 그분이 이직했다. 돌아오는 월요일이 평범한 요일처럼 느껴지더라. 텅 비어 있는 옆자리에 항상 주말이 앉아 있었다. 내일이 주말인 것처럼 마음 편한 날을 보내고 있다. 월요일 퇴근 후에도 다른 요일 대비 한산한 헬스장과 골프장에서 연습을 할 정도.

그동안의 내 월요병은 월요일이 아닌 사람한테 옮았었나 보다. 월요병은 어쩌면 전염병일 수도 있겠다. 언제까지 월요병 없는 나날을 보낼지 모르겠지만, 일단 즐기자. 오히려 평범해서 다행인 월요일을.

나와
회사의
룩 앤 필

연남동과 홍대는 바로 옆에 붙어 있지만 사람들의 룩 앤 필은 다르다. 연남동은 컨템포러리 룩이 비교적 홍대보다는 눈에 띈다. 하얀 아우라를 뿜어내는 사람들이 연트럴 파크를 지나고 있다. 홍대는 빈티지적인 매력이 다분하다. 한껏 레이어드 한 그들의 룩은 여름이라도 옷의 단층을 거부하고 있다. 담배꽁초가 버려져 있는 골목의 빨간 벽돌 그림자에 쪼그려 담배 피우고 있다. 물론 내 선입견일 수 있다. 연남동엔 와인을 마시러, 홍대엔 소주를 마시러 가니까. 충분히 색안경을 끼고 있을 수 있다.

가끔 이런 생각을 한다. 저 홍대 사람의 자유로운 룩을 입고 회사에 출근할 수 있을까? 아무리 광고 회사라곤 하지만, 아무리 막내라곤 하지만, 물론 점심시간 화장실에서 양치를 할 때 옆에서 느껴지는 시선들은 각오해야겠지만 불가능할 것 같진 않았다. 적어도 지난주까지는….

최근 윗분의 지령이 있었다.

"광고 회사에 다니는 사람들은 본인의 룩 앤 필을 잘 가꿔야 한다."

웃으면서 말씀하기에 웃으며 까먹었다. 기획팀 다른 분의 이야기를 들으니 본인이 한 이야기를 꽤 자주 상기시켰다고 했다. 그제서야 대리님의 신발이 바뀌었다는 걸 알게 되었다. 헤어스타일도.

　　룩 앤 필. 분명 중요한 건 맞다. 그 척도가 본인에게 맞춰져 있다면 룩 앤 필을 중시하는 생각은 꽤 멋있는 것이다. 오직 본인만 알고 있는 본인에 대한 정답을 알고 있으니까. 윗분의 척도에 우리들의 룩 앤 필을 맞추면 상당히 큰 비약이 생긴다. 아빠 옷을 입은 어린아이처럼 보일 텐데 멋있을까.

　　흉내 내는 멋은 멋있기 힘들다. 버거울 것이다. 본인에 대한 자신감도 떨어진다. 늘어나는 부담감에 줄어드는 어깨 힘에 룩 앤 필의 레이아웃을 만들어 주는 옷 핏은 쭈그러진다. 그렇게 광고 회사 사람들의 멋은 단일화된다. 등번호 없는 유니폼을 입은 듯.

　　평소 COS나 STUDIO TOMBOY란 브랜드를 좋아한다. 깔끔한 옷이지만 가끔 유니크한 포인트가 있어서 가장 좋아하는 브랜드가 되었다. 내 룩 앤 필을 포장해 주는 브랜드인데 당분간은 못 갈 것 같다. 물론 '탈'회사 룩은 아니지만 윗분들의 눈에 변화된 모습을 보여 줘야 하니까⋯. 그래도 사회생활은 해야 하지 않나. 그래서 백화점에 갔다. 평상시엔 에스컬레이터를 타고 영 캐주얼부터 모든 층을 구경하지만 이번엔 엘리베이터를 타고 남성 패션 또는 컨템포러리 패션이 있는 층으로 직행했다. 이로써 내 의류에 대한 소견과 활동성의 범위는 벌써 축소되었다.

　　사실 백화점에 자주 안 갔다. 모두들 알다시피 친절한 점원이 부담스럽다랄까. 명동 롯데백화점에 입점한 BEAKER(비커)에 갔었다. 한남동에 있는 BEAKER의 점원은 손님에게 관심이 없었기에 그곳을 1순위로 갔다. 백화점은 백화점이었다. 점원 분들이 백화점화가 되었단 건 몰랐다. 이것저것 옷을 둘러보는데 파놉티콘처럼 우뚝 서 있는 점원이 있었다. 맘에 드는 블레이저가 있어 다른 사이즈가 있는지 물어봤다. 점원분은 밝게 웃으며 말한다.

"사이즈가 있고 이 비슷한 결의 다른 옷들도 있는데 보여드릴까요?"

이때는 당황하진 않았다. 감사하다고 하며 옷을 받고 탈의실에 들어가려고 하는데 블레이저를 쫘악 펼쳤다. 투우사가 네모난 깃발을 쫘악 펼치듯. 저절로 손이 안감을 향해 갔다. 다른 직원까지 옆에 와 조언을 준다. 다른 블레이저도 추천해 주고 옷을 입혀 준다. 맘에 드는 게 있었지만 그냥 옷 사진만 찍고 나왔다. 다른 매장도 둘러봤지만 결국 빈손으로 백화점에서 나왔다.

윗분이 말하는 룩 앤 필엔 이런 부담스러운 역경을 이겨 내라는 메시지가 내포된 것일까. 언제나 내가 원하는 대로 상황이 펼쳐지지는 않으니까. 본인의 성향이 아니더라도 이겨 내야 한다는 의미로 이해하고 싶다. 물론 백화점에 가진 않겠지만 이런 소략적인 깨우침을 느꼈으니까. 이걸로도 내 룩 앤 필의 변화가 생기지 않았을까. 사회생활을 이처럼 자기 합리화로 해결할 방법은 없을까.

36

무료하니까
freedom

자유로운 곳은 어디일까. 어느 타이밍이 자유로운 순간일까. 해방감을 느낄 때가 자유롭다는 것과 등치될까. 속박을 느낀다는 건 왜 그럴까. 임금을 받는 곳은 곧 속박된 곳일까. 자유로울 수 없는 장소일까. 순간의 자유 또한 속박 속의 자유일까. 진짜 자유를 느낀다는 건 지극히 주관적인 표현이지만 벌거벗은 채 두 팔 두 다리 쭉 뻗고 목적 없는 고함을 지르는 느낌일까.

자유는 혼자만의 시간이다. 가만히 있어도 눈치 안 볼 수 있는 시간. 돌아오지 않아도 되는 말을 할 수 있는 시간. 생각이 곧 행동이 되는 시간. 사라져도 아무도 모를 것 같은 시간. 그런 시간들을 자유롭다고 할 수 있지 않을까. 그래서 가족, 연인, 동료, 동기, 친구, 낯선 이들과 함께하는 그곳들은 자유롭지 못할 것이다.

다 같이 자유를 갈망하던 순간이 있다. 퇴근 시간을 갈망한다. 연차를 갈망한다. 점심 먹고 들어가는 길에 넌지시 퇴근하고 싶다고 말한다. 누구나 공감한다. 걷다가 다음 연차 계획 있는지 묻는다. 우린 앞으로의 비실체적 자유를 눈앞에 매달린 당근처럼 실체화시키고 있다. 퇴근을 위해, 연차를 위해 앞만 달리는 사람들. 회사에 나오면

마스크를 벗고 고개를 10도 정도만 들어 숨을 크게 들이마신다. 그날 하루 배분된 자유의 향을 잠시나마 맡는다.

새로 온 팀원의 귀가 방향이 공교롭게도 같은 길이다. 심지어 환승도 하지 않고 쭉 한 시간 이상을 가야 한다. 꼭 같이 가야 할까 란 생각을 했다. 장정 여덟 시간 만에 맛본 소소한 자유인데 한 시간을 더 연장해야 할까. 내심 그가 따로 가길 원했으면 했다. 반대였다. 혼자 자유를 만끽하고픈 다른 팀원의 앞장서는 발걸음을 그는 가로막았다. 같이 가자고 한다. 얼떨결에 세 명이서 같은 방향 같은 칸에 탔다. 속박의 연장이었다.

저번 달부턴 헬스장이라는 변명 거리가 생겼다. 헬스 하고 가니 먼저 가라고 한다. 회사를 탈출하고 싶은 마음을 덤벨의 무게로 잠시 눌러 본다. 최근에는 유독 컨디션이 최악이라 후딱 집에 가고 싶었다. 길어지는 회의 시간에 애꿎은 시계만 쳐다봤다. 마스크로 얼굴의 3분의 2는 가렸지만 자유를 원하는 표정은 여실히 드러났다. 그날의 감정이 태도가 되면 안 되는 걸 누구보다 알면서 불편한 감정을 옅게 드러낸다. 아직 프로가 되려면 멀었다는 걸 느낀다. 프로는 자유를 컨트롤할 수 있는가. 아님 그들에겐 업무 시간이 자유일까. 육아, 가정에 비해 업무가 상대적으로 자유로울까.

37

마음속
창문의 재질

우리 모두 창문을 하나씩은 가지고 있다. 미닫이인지 방충망이 달렸는지 혹은 녹이 슬어서 잘 열리지 않을지 모르겠지만 눈, 코, 입이 강제적으로 주입하는 걸 일차적으로 막는 내면의 창문이 있다. 그걸 사람들은 '판단'이란 단어로 붙인 듯하다. 남의 마음의 창문을 함부로 판단할 수는 없겠지만 나의 창문은 보이지 않더라도 어떤 모습을 지니고 있는지 알기 쉽다. 때론 원하는 모양과 열림의 강도 또한 내 상황에 따라 마음대로 정할 수 있으니까.

내 창문은 멀리서 보면 견고한 성벽처럼 보일 것 같다. 외부에서 열기 힘들어 보이는, 내부에 해괴한 잠금장치가 걸려 있을 것 같은, 외부인의 감정을 그대로 복사하는 거울 재질의 창문과 정반대의 속성을 지닐 것이다. 표정이 전혀 보이지 않는 무광의 재질. 하지만 터치 한 번이면 스르륵 열린다. 열리는 순간 창문이 투명해지거나 거울의 재질을 하고 있으면 좋겠지만 여전히 무광인 듯하다. 유광을 흉내 내는 무광일 때도 있었을 테다.

우리 회사의 입사 동기는 여섯 명이었다. 지금은 절반이 나가서 세 명만 남았지만… 같은 해

중고 신입으로 들어온 다른 사원 세 명도 동기로 속하게 되었는데 이미 알고 있던 한 명을 제외하고는 거의 타 회사 사람들이었다. 따로 이야기를 나누기 어려웠는데 업무상으로도 겹치는 게 없었고 더군다나 누군가는 빠른 년생이고 한 살 언니랑 친구를 하기로 했다는 등 나이도 꼬여서 호칭 정리도 애매했다.

　　노량진에서 동기 회식을 한 적이 있고 그제야 이야기를 나눠 봤고 역시 또래 친구들이라 유쾌했다. 그럼에도 불구하고 창문은 닫혀 있었다. 말 놓는 순간 꼬이니까 그냥 '~씨'라고 부르자고 정하는 순간 창문은 견고했다. 그렇게 편안하게 이름을 부르기까지 대략적으로 1년이 흘렀다.

　　"나중에 점심 같이 먹어요"란 카톡이 없었다면 "나중에 술 한잔 해요"란 대답을 할 수 없었을 것이다. 꾹 닫힌 창문에 쌓인 여러 감정들이 한 번에 쑥 흘러왔다. 계속 열어 두었으면 희미한 먼지처럼 느껴졌을 감정들이 쌓이고 쌓여 큰 덩어리를 만들어 낸 듯하다. 말 놓기로 하고 하루 이틀도 안 되어서 입사 동기들만큼 거리낌이 없어졌다. 업무상으로 만나는 관계가 아니다 보니까 동네 친구처럼 느껴진다. 일적인 이야기보다 좋아하는 영화를 추천해 주고 디엠으로 드립도 치는 등 오히려 더 편한 마음이다.

　　내 마음의 창문은 어쩌다가 이런 속성을 지니게 되었을까. 원래부터 그랬었는지 모르겠지만 일단 귀찮은 걸 그다지 좋아하지 않는 성격이 한몫을 한 것 같다. 창문을 여는 순간 들리는 여러 소리들과 들어오는 먼지나 잡종 벌레들. 항시 햇살은 들어오게 되겠지만 내가 신경 써야 할 게 더 많아지긴 하는 건 변치 않았다.

내게 방충망이 생겨 문제를 해결하다 보니 점점 쌓이는 방충망의 개수들로 인해 한 번 닫힌 창문이 잘 열리지 않게 되었다. 단 열리는 순간 방충망들도 싹 날아가 모든 걸 받아들일 수 있다. 그래도 적절한 선은 지키겠지만 문이 열린 순간만큼은 내면의 장난기 있는 철없는 모습도 서슴없이 보여 줄 수 있을 만큼 투명해진다.

38

실수해도
살 수 있 어

살면서 실수는 누구나 하지 않나. 근데 그 타이밍이 중요하다. 운이 좋은 사람일지 그것마저 실력일지 모르겠지만 꼭 보이지 않는 곳에서만 실수하는 사람도 있다. 오직 나만 아는 실수. 그 실수를 의식하고 반복하지 않으려는 생각만으로도 언제 어디서나 실수를 줄일 수 있게 된다. 그리고 좌지우지하는 타인이 보기엔 완벽한 사람일 테다.

평상시에 실수를 자주 하지 않지만 꼭 결정적일 때 하는 사람도 있다. 모든 게 다 계획대로 흘러가고 있지만 예상치 못한 변수들이 생겨나는 건 정말 예상하지 못할 테니까. 실수를 당하게 되면 세월의 때가 덜 묻은 사회 초년생 같은 경우엔 누적된 위기 극복 데이터가 부족해 멍해진다. 싸해지는 분위기를 둘러싼 진공 형태의 소음만이 유독 귀에 걸렸던 경험이 다들 있지 않을까.

실수는 꽤나 주체적일 때 나온다. 사소하게는 동기 모임에서 총무를 맡거나, 여행 가서 요리를 하거나, 중요한 발표 자리에 특정 임무가 있거나, 무언가 하려고 할 때 실수가 툭 하고 튀어나오더라. 풋살에서 기깔나게 골을 넣으려 무리하는 날일수록 뒤 땅을 차거나 골대에서 크게 벗어나는 슛을 때리는 것처럼. 그렇다고 앞으로 벌어질 수 있는 실수를 걱정해 하루 종일 긴장 상태로 있을 순 없지 않나. 더 큰 실수만은 하지 말자며 암시를 건다.

'이 작은 실수들이 있어서 큰 실수는 없었다.'

마치 유명했던 스포츠 선수 자서전에 나올 법한 문구를 되뇐다. 돌이켜 보면 실수는 투자다. 투자 전문가들이 목 놓아 말하지 않나. 분산투자를 하라고. 실수도 마찬가지다. 어제, 오늘, 이것, 저것. 분산'실수'를 해서라도 더 큰 피해를 줄일 수 있지 않을까.

막내란 자리는 실수하기 좋은 조건들을 갖추고 있다. 경험도 없을뿐더러 자잘한 업무가 특히나 많다. '이런 것도 내가 해야 해?'라는 의문이 수십 번 들지만 막내라서 짊어져야 하는 무게라고 할 수 있지 않나. 특히 점심과 저녁 메뉴 리스트를 고안하는 게 가장 귀찮다. 물론 점심이나 카페 메뉴를 고르는 것엔 실수가 잦진 않겠지만 그동안 쌓여 온 귀찮음을 성토하고자 한다. 물론 셀렉트된 메뉴가 생각보다 맛이 없거나 실망스러우면 곧바로 내 불찰로 여겨진다. 아, 물론 진지하게 시비를 가리는 건 아니다.

"여기 함박스테이크 평범하던데?"

그릇을 다 비운 부장님의 말씀을 들을 때 0~1년 차의 난 당황했지만 이젠 "전 나폴리 어쩌구란 걸 먹었는데 진짜 맛있었어요! 담엔 이거 드셔 보세요~"란 대답을 하고 있다. 실수를 받아들이는 여유로움이 찾아왔다.

각자 먹고픈 게 다를 텐데 하나로 통일시켜야 하는 게 가장 어렵다. 사람들은 먹는 거엔 진심이지 않나. 난 감자탕이나 국밥이나 국물 있는 걸 선호하는데 팀원들은 보기에도 맛있고 맛보면 역시 맛있는 그런 메뉴를 찾는다. 보고하고 결재하듯이 꼼꼼하게 메뉴를 선별한다. 점심시간만 되면 우르르 달려오는 학교 영양사의 마음을 십분 공감한다.

오늘의 메뉴가 셀렉트되어도 끝이 아니다. 어느 카페를 갈지에 대한 아이데이션이 남아 있다. 그냥 카페가 아니라 힙한 카페를 가야 한다. 먹어 보지 못한 시그니처 메뉴가 있거나, 공간이 트렌디하거나. 팀장님은 커피를 마시러 가기보단 그 공간에 함유되고 싶어 한다.

이런 의도를 파악하니 팀장님이 만족할 만할 식당이나 카페를 찾는 적중률이 높아지고 있다. 막내의 실수라 여겨지는 메뉴 초이스의 불찰 또한 몇 번의 시행착오를 거치면 노하우가 생기는 걸 몸소 느낀다.

39

연봉보단
워라밸

무언가에 쫓긴다는 것도 도망가는 중일 레다. 쫓긴다는 말의 모습은 어딘가 정신없고 자꾸 뒤를 돌아보는 듯해 보인다. 잡히면 큰일 날까. 식은땀을 휘날리며 전력 질주해야 하는 건 본인을 위해서일까. 더 큰 피해를 피하기 위한 최선의 선택이 도망일 수도 있다. 회피는 통하지 않는다. 산사태처럼 몰려오는 문제들을 그저 눈감기로는 해결할 수 없다. 한 치 앞도 보지 못한 채 직면하는 상황이 되어 버린다.

어릴 땐 매일매일 도망쳤다. 비유적인 도망침이 아니라 말 그대로 도망. 경찰과 도둑이란 놀이에서 도둑 역할을 맡을 때, 길 가던 친구에게 장난 걸고 복도를 헤쳐 나가며 도망갈 때, 지각 벌점 면하려고 몰래 담을 넘다 선도부장한테 걸렸을 때 육체적인 도망을 하기엔 여력도 체력도 부족하다. 아마 많더라도 그때처럼 도망갈 기회가 많지가 않다. 인생에서 필사적으로 도망갈 상황은 손에 꼽을 것이다. 이젠 정신적인 도망만 있을 뿐. 일을 하다가 도망치고 싶다는 생각은 아직 해 본 적 없다. 이와 달리 언제든 도망칠 각을 보고 있는 사람들은 많은 것 같다.

이 글을 쓰기 두 시간 전, 회사 동기에게 오랜

만에 개인 톡이 왔다. 점심 먹고 커피 마시자 한다. 동기의 카톡엔 이모티콘이나 ㅋ, ㅎ, ~, ! 등 여유가 느껴지지 않고 단조로웠다. 그리고 둘이 만나자고 할 땐 역시나 그럴 만한 이유가 있다. 올해 안에 도망갈 예정이라고 한다. 정확히 도망이란 워딩을 사용했다. 본인의 포트폴리오를 더 알차게 해 줄 수 있으면서 더 높은 연봉이 있는 더 좋은 곳으로 가고 싶다고 한다.

본인의 이직 사유를 말하던 동기는 내게 앞으로의 계획을 물어봤다. 정확히는 이직 계획인데 보통 3~4년 차에 이직을 하니 뭐 나도 하게 된다면 그 정도에 하지 않을까 얼버무렸다. 단둘이 대화하면 꼭 시간제한이 있는 것처럼 생각이 정립되지 않은 채 말하게 된다. 세 명이면 대답을 유보할 시간을 마련할 텐데 단둘이, 그것도 친한 사이가 아닌 둘의 대화에서는 티키타카가 있어야 덜 어색해 보인다.

3~4년 차라 말하고 나서도 내가 왜 이직을 해야 하지란 고민을 했다. 이직할 이유는 더 만족해야 할 곳을 가야 하는 건데 워라밸을 극히 중요시하는 난 치열하게 야근을 밥 먹듯 하는 곳을 갈 수 있을까. 연봉을 더 많이 준다고 해도 그걸 쓸 시간이 없는 회사에 가는 게 행복할까. 결국 커피집에서 나오면서는 "아 모르겠다"란 이직에 대한 최후의 답변을 했다.

날이 갈수록 일에 대한 두려움은 사그라들고 있다. 처음엔 영수증 처리하는 것에도 별 걱정이 많았다. 내 글씨는 알아볼까, 영수증이 삐뚤어졌나, 뭐 빠뜨린 절차가 있었나. 그런 와중에 카피를 써야 하는 경우나 새로운 OT를 받는 날이면 하나에 집중하기도 힘들어

긴장하고 항상 피곤했다. 이젠 일의 우선순위도 잡히고 일정을 조율할 여유도 생겼다.

짬이 생기니 짬을 낼 수 있는 능력이 생기더라. 그래서 일로부터 도망가기보단 일을 해 나가고 있다. 미션처럼 하나 달성하면 그 다음 단계로 이어 달리는 일 사이의 바통 터치를 하는 간극이 점점 줄어들고 있다.

연봉보다는 워라밸이 훨씬 중요하다고 하면 다들 금수저인지, 일에 욕심이 있는지 물어본다. 어릴 때부터 돈을 많이 벌고 싶다는 생각보단 하고 싶은 일을 하고 싶었다. 어렵게 고민한 결과 정말 하고픈 일을 찾았고 운이 좋게 하고 있다. 얼추 생각하던 이상적인 업무를 하고 있어 꽤 만족스럽다. 게다가 나만의 시간이 보장되어야 하는 환경도 갖춰져 있다. 하고 싶은 일과 나만의 시간이 보장되는 게 바로 워라밸 아닌가. 오늘 저녁에 뭐 할지 고민할 수 있는 회사 생활이 얼마나 소중한지 그 누구라도 공감할 테다.

40

우리
사이가
고독했으면 해

고독해 보이는 게 예절일 때도 있다. 생각해 보면 고독해서 해가 되는 경우는 적은 것 같다. 심지어 먹을 때 쩝쩝 소리를 내지 않는 게 예절이라고 배웠다. 묵묵히 밥을 음미하며 먹어야 한다고 배웠고 그게 밥상머리 교육이었다. 어느 순간 소리를 내지 않으면 할 말이 없는 사람, 기분이 좋지 않은 사람이 되기 시작했다. 식사 시간이 곧 쉬는 시간인 회사나 친구들과의 만남 같은 경우엔 쉴 새 없이 떠드는 게 식사 분위기가 되었다.

게다가 끝이 없는 폐활량을 자랑하듯, 보기와는 다르게 입속이 크다는 걸 보여 주기 위해서인지 데시벨 높은 면치기가 맛있게 먹는 필수 조건에 속하는 듯했다. 어느 예능에서는 면을 끊어 먹거나 조용히 먹는 연예인을 신기해하는 패널들의 모습이 자주 보일 정도로 면치기는 먹방의 암묵적인 약속이었다.

혼밥일 때는 어떤가. 혼자 떠들면서 밥 먹기가 더 어렵겠지만 누군가는 통화를 하거나, 유튜브를 보거나, 넷플릭스를 보면서 혼밥을 한다. 음식보단 그 외의 것에 눈길이 간다. 어찌 되었건 그들은 고독할 수 없게 된다. 겉으로 보기엔 고독해 보여도 실상은 그렇지 않은. 그렇게 사람들은 밥상에서의 고독을 잃어 갔다. 어느새 밥상에서의 고독은 외로움으로 치부되기 시작했다.

다른 사람으로부터 즐거움을 얻길 원하는 사람들이 빈번히 있다. 남들과 대화할 때 뒷담화는 아니지만 다른 사람의 재밌었던 썰을 풀거나, 해프닝을 전하길 좋아하는 사람. 대체로 그런 부류의 사람은 고독에 익숙지 않을 테다. 젓가락이 접시에 부딪치는 소리가 귓속을 가득 채우는 순간을 버티지 못할 것이다. 귓속을 울리는 시간제한이 있는 타이머의 재촉하는 소리처럼 받아들일 테다.

하지만 그 사람도 사람인지라 대화 소재의 한계가 있다. 어디선가 말했던 내용을 말하고 또 말하는 것도 지친다. 그제서야 다음 대화를 이어 가야 한다는 강박이 침묵에 직면하는 순간이 온다. 그 충돌의 여파는 두 가지 방향으로 흘러간다. 본인이 고독을 못 견디는 걸 깨닫거나, 다른 사람들은 왜 말이 없는 걸까 생각한다. 결국 고독을 좋아하는 사람에게 이렇게 묻게 된다.

"친구랑 놀 때 어떤 대화를 하는지?"

"친구랑 있으면 말을 하는지?"

이로써 질문자의 가치관도 드러난다. 회사 사람이 곧 친구라는 등식이 성립하고 있다는 걸 알게 된다. 어찌 가능한 일인지 모르겠지만 쉴 새 없이 말을 옮길 수 있었던 이유가 저 등식이 있었기 때문이었나 보다.

회사 사람과 친구 같은 사이가 될 수 있을까. 물론 동기끼리는 충분히 가능하겠지만 그 외의 다른 직급의 사람들은? 내게 친구 같은 사이란 뭘까. 서로 놀리는 사이? 여행 가서 각자의 시간을 보내도 되는 사이? 그 친구의 걱정이 걱정되는 사이? 물론 회사 사람이라고 서로 놀리지 않거나 그 사람의 걱정이 걱정되지 않는 건 아니다. 단 진심으로 놀리거나 걱정했었는지는 잘 모르겠다. 무언가 내 안에 방어기제가 있는 듯하다.

방어 방법 중엔 거리 두기가 있다. 상대가 무작위로 손짓발짓해도 피해가 가지 않는 거리감. 사람 간의 선이 명확히 있는 게 속 편하다. 아무리 친한 친구여도 서로에게 지켜야 할 선은 있지 않나. 그 선이라는 게 계약처럼 명시되어 있지는 않지만 친구와 밥도 먹고 술도 먹고 대화도 하고 이것저것 해 보며 쌓인 선이니까. 각자의 감정이 고조되지 않는 한 그 선은 꼭 지킨다. 누군가라도 선을 넘는 순간 그동안 쌓아 왔던 선은 먼지가 되어 흩어지게 되니까. 물론 흩어지더라도 그 주변을 배회하지 않을까.

선은 견고하지 않은 재질이라 그런지 회사에서만큼은, 공적인 자리에서는 사적인 용도의 선을 두기가 어렵다. 최대한 사적인 감정을 덜어 낸 재질의, 제2의 선을 앞으로도 잘 지켜 내고자 한다.

41

미운털
대신
귀여운털

소리는 두 가지로 나뉜다. 듣기 좋은 소리와 듣기 싫은 소리. 듣기 싫은 소릴 우린 다음과 같이 부른다. 소음 또는 잔소리, 조언이란 포장 속 오지랖. 대개 소음을 기피한다. 딱딱한 플라스틱과 손톱이 부딪쳐 나오는 소리조차 듣기 싫은 나머지 인간은 무소음 키보드도 만들어 냈다.

그렇지만 무소음은 인간이 만들어 낸 사물에만 적용이 가능할 듯하다. 뇌를 거쳐 나오는 언어의 옷을 입은 소음은 티비 볼륨처럼 음소거시킬 수 없다. 상대가 말하는 중간에 노이즈 캔슬링 헤드폰을 쓰는 것도 대화를 끊을 수는 있으나 무소음으로 전환할 수 없다.

생각해 보니 소음을 막을 방법이 아예 없지는 않다. 자체적으로 노이즈 캔슬링을 만들면 되지 않을까? 무언가에 집중하고 몰입한 경험이 있을 테다. 음악을 들으며 무언갈 하고 있었지만, 그 순간만큼은 음악이 들리지 않는 그런 경험. 소음이 들리면 몰입해 볼까? 저녁에 바삭바삭한 치킨을 먹을지 부글부글한 국밥을 먹을지.

실제로 노이즈 캔슬링은 소음으로 소음을 막는다고 한다. 외부와 내부 소리의 균형이 일치하게 될 때 멍하게 되는 묵음을 느낄 수 있다. 이렇게 인간은 외부의 소음도 일정 부분 무소음으로 전환할 수 있게 되었다.

　그럼에도 불구하고 잔소리(예측 불가한 오지랖)는 평생 어쩔 수 없는 소음일까? 잔소리의 볼륨을 0으로 할 수 있는 건 겨우 말대꾸일 뿐일까? 결국 말대꾸도 누군가한테는 소음이 된다. 제삼자가 봤을 땐 소음 더하기 소음일 뿐. 본인의 찝찝한 마음은 어느 정도 해소될 순 있어도 다른 측면에서의 소음을 만들어 내는 것이다. 그렇다면 나이라는 벽이 있는, 직급이란 층이 있는 이 층간 소음은 어찌 극복해 나가야 할까.

　배우 구교환이 이런 말을 했다.
　"내가 엄청 미워하는 사람이 있었다. 그때 이옥섭 감독이 너무 좋은 조언을 해 줬다. 그 사람을 귀여워해 보라고 하더라."
　싫어하지 말고 귀여워하라. 소음을 음악으로 바꾸는 것. 잔소리를 조언으로 듣는 것. 아니 애초에 조언으로 듣는다면 (물론 조언이 아닐지라도) 다 나를 위해서 하는 소리 아닐까? 좋게 생각한다는 전제하에라면…. 귀를 찌를 듯한 고음으로 화를 내지만 않는다면 차분한 잔소리는 어쩌면 조언으로 받아들일 수도 있지 않을까. 물론 말은 쉽다.
　막상 소음을 맞닥뜨리면 나를 위한 조언이라 쉽게 받아들이긴 힘들 것이다. 마찬가지로 이옥섭도 어려웠을 테다. 그래도 그녀는 '이제는 싫어하는 사람이 없다'라고 말할 수 있는 단계까지 왔다. 어렵겠지만 조금씩. 가끔이라도 소음의 조언화 과정을 거쳐 간다면 언젠가는 바뀔 수 있으리라 믿는다.

귀를 닫는 순간 마음도 닫히게 되더라. 마음이 닫힌 사람은 조언을 들어도 잔소리로 전환할 가능성이 크다. 음식에 머리카락이 붙어 있다면 그 음식 자체가 더럽고 못 먹는 것이 되어 버리듯 미운털이 박히게 되면 그 넓고 넓은 범위를 다 무시한 채 미운털만 보게 된다. 그런 미운털마저 귀여워할 준비가 되었는가.

솔직히 이미 생겨 버린 미운털들을 모두 제거하는 건 이상적인 해결 방법이다. 이상적인 만큼 현실적으론 힘들고 기대하지 않는다. 이제부터라도 미운털 이식을 중단하자는 게 가장 현실적인 방법이라 생각한다.

미운털 대신 귀여운털(?)을 심자. 자체 필터링의 효과로 소음으로 인한 스트레스를 조금이라도 줄여 보자. 스트레스도 줄이고 잔소리는 없애고 조언은 많아지고 얼마나 좋은가. 다가가진 않아도 된다. 마음을 열어 보자. 팔을 벌려 포옹해 보자. 미운털과 소음을 향해.

42

**구겨진
이면지를
좌악 폅니다**

스트레칭은 풀어 주는 운동이다. 굳어 있는 몸을, 또 마음의 긴장 상태를. 추운 겨울, 축구할 때만큼은 누구보다 스트레칭에 진심을 담는다. 월드컵을 준비하는 선수마냥 트랙을 가볍게 뛰고 요상한 자세로 고관절을 풀어 주고 운동장을 가로지르며 휘황찬란한 스텝을 밟는다. 이럴 땐 경기 시작 전인데도 전반전을 뛴 듯한 땀이 난다. 이거 힘들어서 뛸 수 있을까 생각하지만 막상 경기를 뛰면 젓가락 같던 내가 미꾸라지처럼 유연해졌음이 체감된다.

뭐든지 과하면 안 된다. 한번은 종아리 근육이 뭉치는 걸 미리 방지하고자 점프하고 이리저리 뛰고 난리를 부린 적이 있다. 그때 허벅지와 골반 사이 근육에서 뚜둑 소리가 나더라. 경기 시작 전 부상이라니. 경기는 시작됐고 난 사타구니를 잡으며 패스를 했고, 슛 하고 세리머니 대신 아파했다. 상대편은 얼마나 어이없었을까. 내가 공 잡을 때마다 사타구니에 손이 가 있었으니….

이젠 몸의 스트레칭은 마음의 긴장이 풀릴 때까지만 한다. 매번 차는 공인데도 매번 긴장되는 건 어쩔 수 없다. 친구와 나란히 스트레칭을 하면서 말한다.

"걍 재밌게 차고 다치지만 맙시다."

이렇게 긴장을 푼 채 축구를 한 경기가 유독 재밌었고 결과도 좋았던 것 같다(여기서 결과가 좋았단 건 팀의 승리가 아니라 내가 골을 넣었냐 도움이 되었냐의 관점이다).

운동할 때만 스트레칭을 하진 않는다. 회사에서의 스트레칭만큼 개운한 건 없다. 종일 거북목으로 모니터를 보고 다리는 낮은 책상 아래 굽혀져 있다. 구겨진 이면지처럼 꾸깃꾸깃 접혀져 있다. 팀장님이 자리를 비우실 때 이면지를 다리미로 펴듯 쫘악 펼친다. 소리는 과하게 지르진 않지만 마스크 속에서 몰래 하품하는 고도화된 스킬을 반영해 낮은 데시벨의 괴성을 지르며 팔과 어깨를 쭉 편다. 개운하다 개운해.

43

우리의
(대화) 소리를
찾아서

회사에서 건강검진을 받을 사람은 신청하라고 메일 하나를 툭 보냈다. 내시경이나 피를 뽑는 거창한 검사가 아닌 비만, 우울증, 생활 건강 관련 간단한 검사인 듯했다. 근무시간에 검사를 하고 내 건강 현황을 알고자 하는 거니 이거 뭐 안 할 필요가 없지 않나. 바로 신청하겠다는 회신을 보냈고 사전 작성지를 프린트했다. 6~8장. 늘 그렇듯 '매우 그렇지 않다'와 '매우 그렇다' 극과 극의 척도로 구성된 설문지였다. 매번 이런 문항을 마주할 때면 학교 다닐 때 생각이 스치듯 지나간다. 시험 보는 것도 아닌데 마킹 하는 순간 집중력은 스스로 봐도 몰입 상태다.

되도록 오래 고민하지 말아야 한다는 걸 알기에 3초 안에 선택하려 한다. 어렸을 땐 생활 습관, 식습관 등 건강에 관련된 문항에는 건강하다란 답이 담긴 '매우 그렇다' 답변에 몰빵이었다. 고등학교 때까진 변함없었는데 이제는 양심상 몰빵은 어렵다. '매우 그렇다'보단 '그렇다'와 '보통이다'란 답변이 여럿 생겼다. 문항에 답하는 도중 이런 상황에 대해 인지를 하게 된 건 바로 하나의 질문 때문인데….

"하루에 몇 시간 정도 앉아 있거나 누워 있습니까?"

그러게 얼마나 그럴까. 8시 반부터 6시까지 일하니까 한 여덟 시간 앉아 있다 치고 지하철 타고 왔다 갔다 두 시간 정도 집 가면 뻗어야 하니 두 시간…? 아니 이 정도면 서있는 시간 세는 게 더 빠르겠다.

이렇게 시간 고민할 때 타닥타닥 움직이는 헛손질 아래 키보드가 보인다. 이 키보드 때문에 앉아 있는 걸까? 파워포인트에 공백을 채우는 저 키보드는 일이란 걸 하고 있는 내 진행 상태를 현저히 보여 주고, 핸드폰에 있는 이 키보드는 누군가와 어떤 대화를 하고 있는지 적나라하게 보여 준다. 내 뇌가 결재를 올리면 손가락이 반려하거나 결재 승인. 엔터를 누를 것인가 뒤로가기 버튼을 누를 것인가. 리셋과 마찬가지인 홈버튼을 누를 텐가. 내 손가락이 어디 갈지 이미 뇌는 알고 있지만, 즉 답정뇌지만 은근히 녹아 있는 본성의 이끌림을 눈으로 지켜본다.

여하튼. 일할 때도 앞에는 키보드가 있고 주머니엔 본모습을 숨기고 있는 키보드를 우린 항상 갖고 다닌다. 손가락으로 일하는 나, 키보드로 대화하는 우리. 대화는 눈에 보이는 게 되었고 묵독에 익숙해진다.

44

배부른
돼지보다
배고픈
소크라테스가
낫다

포만감을 느낄 때가 살이 찌고 있을 때라고 한다. 포만감이란 게 투명한 술잔처럼 눈에 보이면 좋겠다. 의도적으로 넘치게 따르지 않는 한 우린 적당히 술잔을 채울 수 있으니까. 조금이라도 살찌기 싫다면 배부르다는 생각이 나기 전까지 먹어야 한다.

나 같은 경우는 식욕이 왕성하지 않다. 음식을 숙제처럼 먹는 성향이라 아침 먹고 12시쯤이면 점심 먹고 퇴근하고 저녁을 먹는 순차적인 과제 달성 중 하나다. 막 살을 빼야겠다는 의도로 엄격한 규율 아래 포만감이 들기 그 직전까지 먹진 않는다. 배부르다는 감정보다는 맛있음을 즐기는 그 순간을 더 좋아해서 그렇다.

맛있는 건 먹어도 먹어도 맛있겠지만 배부를 때 먹으면 본래 맛의 감도는 낮아진다. 고작 배부르다는 이유로 음식의 맛이 희석되기보단 딱 맛있는 그 순간까지가 음식에도 나에게도 좋은 순간이다.

쯔양이나 히밥 같은 먹방 유튜버를 보면 음식이 끝없이 들어간다. 처음에는 맛에 대한 리액션이 줄곧 보이지만 그 경계를 지나면 '과연 어디까지 먹을 수 있을까' 본인만의 도전으로 바뀐다. 보는 사람도 그럴 것이다. '맛있겠다'보단 '대단하다'일 테고, 시간이 갈수록 '먹고 싶다'가 아니라 '보기만 해도 배부르다'이지 않을까. 가수 비가 홈트레이닝을 하며 입짧은햇님 먹방을 보는 것도 이런 이유 아닐까. 대리만족.

한 시간 동안 먹는 영상을 보기만 해도 그 음식은 이미 먹은 거나 다름없고 정체 모를 디지털 배부름이 찾아온다. 물론 먹방 영상을 끝까지 본 적은 드물다. 대부분 꼬르륵거리는 아우성을 못 참고 먹으러 가서….

밥 먹을 때만 배부름이 있는 게 아니다. 일을 할 때도 찾아오는 배부름이 있다. 이 포만감은 성취감과는 결이 좀 다른데 일을 끝내서 얻는 배부름이 아니라 하고 있는 일이 쉴 틈 없이 떠밀려 온 상황에서 오는 정신적 배부름이다. 일은 하나둘씩 쌓여 가지만 해탈이라도 한 듯 나른해지고 더 이상 새로운 일이 머릿속에 들어오지 않는다. 누군가 입에 넣어 주는 일을 기계적으로 씹게 되고 익숙한 맛을 느끼며 남들이 먹어 보지 않아도 알 만한 맛의 감정 같은 결과물들. 일에 대한 탐닉이 아닌 표면에서 겉도는 단순노동을 하듯 행동하고 생각하게 되는 순간이다.

이런 일의 배부름이 지속되면 고인물이 되는 건 한순간일 텐데…. 뻔한 아웃풋을 기대할 인풋은 없으니 우린 배부름을 소화시켜야 한다.

주 52시간제는 옛말이 되었다. 인간에게 최대한 일을 할 수 있는 시간과 환경을 오히려 장려하고 있는 이 퇴색적인 현실은 우리의 소화를 마냥 도와주지 않을 듯해 보인다. 언제나 그래 왔든 스스로 소화시켜야 한다.

취준 시절엔 일 자체의 배고픔과 갈증을 느꼈지만, 이젠 시한폭탄처럼 언제 터질지 모르는 배부름을 껴안고 살아가는 듯하다. 신기하게도 배부름을 안고 사는 시기가 길어질수록 주위 팀원들은 각각의 이유로 병원에 간다. 심지어 8만 원이나 하는 링거를 맞고 오기도 하더라. 나 또한 체력 하나는 자신 있었는데 몽롱해지고 예민해진다.

누군가는 곧 쓰러지는 거 아닐까 싶을 땐 딱 타이밍 맞게 휴식기가 찾아온다. 얼마 만의 당근인가. 이 정도면 광고란 일은 단거리 종목에 가까워 보인다. 단거리 경주를 수십 년 해 가고 있는 수많은 선배들. 광고인, 아무나 못 한다.

45

갓생?
갓 만든
생맥주?

갓생은 지극히 일시적이다. 대체로 기한이 정해져 있어서 그런 거 같은데 일단 나 같은 경우엔 운동 쪽에 포커스가 가 있다. 자격증 공부하는 건 대학생 때 질리도록 해 봐서 그런지 지금은 펜에 손이 잘 안 간다. 그래서 하고 싶었던 운동을 도장 깨기처럼 하고 있다.

이상적인 하루 운동 계획은 이랬다. 아침에 회사 헬스장에 가서 40~50분 웨이트, 저녁에 풋살이나 축구. 헬스는 일주일에 세 번 이상, 축구는 한 번 정도가 적당하겠다 판단하고 '꼭 해야지'라 다짐한다. 다행히 다짐에서만 끝나진 않았다. 회사 일이 적당히 있었고, 유독 눈이 일찍 떠진 날, 그리고 마침 축구 경기가 있던 날. 축구화와 유니폼을 챙기고 회사에 갔던 그날은 출근 내내 중대한 경기를 앞둔 선수인 양 비장미가 흘러넘쳤다. 또 '이런 게 갓생 아니겠어?'란 자부심도 뿜뿜.

운동에는 기한이 정해져 있는 것 같다. 골프에 한창 재미가 들렸을 땐 축구 대신 골프 연습장에 갔다. 저녁에 헬스 잠깐 하고 집에서 간단히 먹고 바로 연습장. 석 달 정도 했을 테다. 근데 골프 레슨이 끝나자마자 그 하루 루틴은 무참히 사그라졌다. 그저 갓생했었단 썰이 되었을 뿐…,

그래도 곧 새로운 썸이 생길 예정이다.

　1년 전부터 '테니스 배워야지…, 배워야지!' 했었는데 골프에 밀렸던 그 테니스가 죽지도 않고 나타났다. 마침 여자친구도 새로운 취미를 찾고 있었고 한 달 전인가 축구 중간 쉬는 시간에 대학 동기 한 명이 테니스 해 볼 생각 없냐고 하더라. 본인은 여자친구랑 하고 있는데 나중에 복식으로 같이하자고. 이건 우연일 수가 없다란 생각에 테니스 레슨을 예약했다. 오랜만에 찾아온 갓생이 이렇게나 반가울 줄이야.

　사람은 매일 운동만 하고 살 순 없다. 매일 넷플릭스만 보고 살 수도, 매일매일 책을 읽을 수도, 매일매일매일 맛집에 다닐 수도, 매일매일매일매일 멍 때리며 살 수도 없다. 그래서 그런지 이틀에서 사흘 정도 퇴근 후 일상이 비슷하다 느껴질 때면 기분이 썩 좋진 않다. 제대로 살고 있는 걸까. 시간을 잘 쓰고 있는 걸까. 모든 게 다 도움이 되는 행동들이겠지만, 원래 해 왔던 행동들로 마음이 충분히 채워지지 않음을 느낀다. 배터리가 71퍼센트 정도만 충전된 느낌. 무언가 애매하다.

　또 그 와중에 욕심일까 생각해 본다. 다시 펜을 잡아야 하나 싶다가 뜬금없이 사업을 해 볼까란 생뚱맞은 방향으로 튀기까지. 그 혼란을 마인드맵으로 그렸으면 아마 미로가 완성될 정도로 정리가 어렵다.

　어디서부터 꼬인 건지 생각해 봤다. 이번 달까지 끝내야 하는 프로젝트의 조용한 압박감일까? 그것도 영향을 주고 있겠지만 임팩트 있진 않아 보였고. 지루한 회사 생활의 누적 피로감? 음 그건 특별해 보이진 않았다. 급격히 변한 게 하나 있었는데 바로 살이다 살. 최근 두 달간 축구나 풋살 나가는 게 현저히 적어졌고 유산소보 단 무산소에만 집중해서 그런가 인생 최대 몸무게를 갱신했다. 숫 자만 이를 증명하진 않고 눈에 보이도록 찌고 있다니…. 아마 이러 한 영향이 꼬임의 시작이 아닐까 생각했다.

　나태해지고 있지 않나란 생각의 시작. 머지않아 시작할 테니스 로 체중을 줄일 수 있을 거란 기대감을 심어 놓고 있다.

46

이상적이고도
이성적인
이직

이직을 고민하는 결정적인 요인은 크게 두 가지다. 감정적이거나 이성적이거나. 감정적인 요인의 대표적인 케이스는 사람 문제다. 주변에서도 사람 때문에 이직하는 경우를 여럿 봤다. 친구 한 명은 퇴사하는 날까지도 상사와 눈 맞춤을 피했다고 한다. 그 친구와 바닷가에 놀러 간 날 허공에다 상사 욕을 하는 걸 옆에서 보고 드라마 찍냐 놀리고 웃었었는데…, 진심이었다니 미안해진다.

원자폭탄처럼 문제점 하나는 어느새 둘로 파생되고 셋을 넘어 가지각색의 이유를 만들어 내는 힘이 있다. 걸리적거리는 문제 곁엔 늘 또 다른 문제가 있더라. 지극히 사소한 문제들이더라도 쌓이고 커지고 손쓸 수 없을 정도가 되면 포기한다. 그 포기를 수면 위에 드러낼 때 이직이란 카드가 나오지 않을까.

감정적인 문제로 시작한 이직의 끝은 해피엔딩이 되기 어렵다고 본다. '드디어 그 사람과 한 공간에 있지 않게 된다'는 점은 한순간의 기쁨 정도일 뿐. "왜 이직하려고 하나요?"란 타사 면접관 질문부터 주위 친구들과 가족의 물음에 "저 사람 때문에…!" 이런 근원적인 답변을 하기 어렵다. 속마음을 토로할 수 있는 사람에겐 진짜 이직 사유를 말할 수도 있겠지만, 들리는 말은 뻔할 테다. 슬픈 표정의 공감과 그 사람에 대한 화난 눈썹으로 표출하는 비난뿐.

"자, 지금부터 코뿔소를 생각하지 마세요."

그 순간 코뿔소가 연상되는 건 어쩔 수 없다. 누군가 '이직'이란 발작 버튼을 건드렸을 때 첫 번째 알고리즘은 '그 사람'이 뜬다. 그러고는 두 번의 실수는 방지하기 위해 잡플래닛, 블라인드에 새로 갈 회사의 후기들을 계약서 읽듯 샅샅이 살피게 될 테다.

내가 생각하기에 가장 이상적인 이직은 이성적인 게 아닐까 싶다. 커리어, 복지의 향상과 목표 달성이라는 명목. 지금 회사와 별반 다를 게 없는 옆그레이드가 아닌 업그레이드. 업그레이드를 위해선 냉소해 보일 수 있을 정도의 결단력이 필요하다.

한 달 전 우리 회사로 이직한 분이 있었다. 해외 대학 출신 타이틀이 있던 그분은 오자마자 회사 홍보 영상 번역이란 중책을 맡게 되었는데 프로젝트가 끝나자마자 다른 회사로 이직했다. 잘나가는 외국계 광고대행사로. 이런 결단력에 박수를 보낸다. 나 같으면 '계약서엔 문제가 없으려나' 등 여러 걱정들로 불안했을 테다. 그분은 오히려 '한 달밖에 안 되었으니 더 늦기 전에 가자'란 마인드 아니었을까. 이직만큼은 본인의 커리어에 직접적인 영향을 끼치는 것이기에 명확하고 빠른 판단이 중요하다란 걸 이렇게 배운다.

언제 이직의 맛을 보게 될까. 커리어, 연봉, 복지, 워라밸, 팀원 등 여러 조건 중에 우선순위는 뭘까. 동기들과 이 주제로 이야기를 자주 한다. 누구는 곧 죽어도 커리어, 누구는 팀원, 또 누구는 워라밸. 다양하다. 왜 다를까 생각해 보면 꿈의 종착지가 무엇인지에 따라 달랐다. 광고에 대한 애정이 넘치고 광고홍보학과 교수가 최종 목표인 A는 커리어를 택했고, 대행사가 아닌 클라이언트로 일하는 게 꿈인 B는 팀원을, 광고에서 벗어나서 해외에서 사업을 하고 싶어 하는 C는 워라밸과 연봉을 선택했다.

꿈의 무게가 가볍지 않으니까 이직도 신중히 해야 할까? 아님 이직도 경험이니 부딪쳐 봐야 할까? 첫 이직을 언젠가는 경험하게 될 나와 같은 주니어들의 생각이 궁금하다.

47

같은
소속감이라는
이유만으로
과몰입하게
되는 감정:
소·속·감·정.

관계의 의미는 아이러니한 겉과 속을 지니고 있다. 만남 이후 본격적인 관계가 시작되었다 할 수 있고, 헤어짐 이후가 되어 봐야 그 사람에 대한 진면모를 알게 된다. 정확히 말하면 내가 그 사람에게 어떤 감정을 품고 있었는지가 찰나의 순간이지만 솔직하게 드러난다.

물론 우린 매일 사람을 만나고 동시에 헤어지고 있다. 한 사람에게 어떤 감정으로 대했고 내 생활 범주 속 어느 정도까지 차지했었는지 알 수 있는 건, 오직 마지막 인사 후 느끼는 감정일 테다. 시원한가 섭섭한가, 아니면 갈팡질팡한 마음 그 자체의 시원섭섭한 마음인가. 짧은 순간이라도 함께한 순간들이 파사사삭 사진첩 넘어가듯 스쳐 간다.

"나도 내 마음을 모르겠다."

한번쯤 이런 말을 한 적 있을 테다. 내 마음을 누구보다 더 잘 알고 있는 건 건대입구 사주 타로집이 아니라 본인 아닌가. 그런데 어느 순간 마음은 혼란스러워진다. 불순물을 품고 있는 물방울이 여러 방향에서 시작해 마음이란 곳을 향해 또르르 내려온다. 한 줄로 내려오는 듯하다 여러 크기의 물방울들이 경주하듯 내 마음을 종착지로 삼아 여기저기서 흘러들어 온다. 톡토록톡.

규칙적인 듯 불규칙한 고민거리를 안겨 주기에 정신없는 날들을 살아간다. 몽글몽글 고여 있는 물방울의 군상에 바늘을 펜싱 삼아 찌르고 싶다. 엄마 뱃속에서 참았던 울음을 터뜨리는 아기처럼 속 시원하게.

시간이란 처방전을 굳게 믿고 물방울 같은 고민이 기체가 되어 날아가 버리는 손쉬운 해결을 바라기도 한다. 때로는 무책임하더라도 이런 해결책을 바랄 수밖에 없는 일이 있더라.

최근 회사를 떠나는 분들께 안녕을 고하는 송별회를 했다. 코로나19 시기에 입사해 제대로 된 회식 경험이 적다. 대표님을 포함한 회식은 3년 만에 처음. 영화나 드라마에서 보던 건배사 장면을 목도하고 이마에 연태고량주 라벨을 붙인 대표님과 상무님의 모습도 처음이었다. 살아 숨 쉬는 고량주라니!

사실 회식 전날까지만 해도 실감이 나지 않았다. 떠나보내야 하는 사람들을 복도나 화장실에서 마주치더라도 보통처럼 인사했다. 그렇지만 현장은 달랐다. 둥글게 모여 앉아 음식을 먹던 중 옆에 앉은 기획팀장님이 넌지시 말을 던졌다.

"내일 뭐 하지…?"

숙연해지는 분위기에 머쓱한 듯 비어 있는 소주잔을 시계 방향으로 돌리고 있었다. 그 후 식사를 마치고 중식당을 나왔다. 공식적인 회식은 끝. 한참을 앞에서 오순도순 이야기 나눴다. 대화의 마무리로 가볍게 서로를 안으며 고생 많았다 소주잔을 짠 하듯 주고받았다. 이제야 실감이란 게 찾아왔다.

마지막 인사 후 고스란히 전해지는 감정의 여파는 마주하는 사람마다 달랐다. 지금은 같은 팀이 아니지만 인턴부터 사원 초반까지 대략 1년 정도 함께한 선배와는 왠지 모를 먹먹한 마음이 들었고 회사 생활 대부분을 함께한 팀장님한텐 내숭 없는 슬픔의 잔상이 뚜렷하게 느껴졌다.

별로 왕래가 없던 부서의 사람에게도 진득한 마음은 어쩔 수 없었다. 같은 소속감이라는 이유 하나로 시원섭섭한 마음이 생기는 건 어쩔 수 없나 보다(이를 표현해 줄 단어가 뭐가 있을까 고민해 봤는데⋯ 무언가 '소속감정'이란 형태로 생기지 않았을까).

송별회 하는 날 우린 이 소속감정에 이끌려 새벽 1시까지 회식을 즐겼다. 사람에게 받은 감정을 지우는 건 여간 쉽지 않다.

48

**아직
반짝거려서
다행이야**

릭 루빈은 《창조적 행위: 존재의 방식》에서, 우리가 바다를 보는 이유는 어떤 거울보다 분명하게 우리를 비춰 주기 때문이라 했다.

바다멍, 불멍, 한강멍. 가만히 멍 때리다 보면 잡생각도 잊을 만큼 오로지 나에게만 집중하는 시간이 생긴다. 눈을 감고 하는 명상이 아닌 눈을 뜬 채 하는 '멍상'. 특히 한강이나 장작불처럼 규칙적인 듯 불규칙한 반짝거림에 쉽게 집중하게 된다. 볼 때마다 매번 새롭지 않나. 새로움을 마주치면서도 익숙함에 이르러 마음의 평온을 가질 수 있다는 점 자체가 멍의 매력이다.

우린 매번 같은 하루를 보낸다고 생각하기가 쉽다. 오전 7시 기상, 6-2에서 지하철 탑승, 12:30 점심 식사, 6시 이후 퇴근. 사실 우리 몸이 하루하루 다르게 변하고 있듯, 매번 다른 삶을 살아가고 있다. 매일 마주하는 반짝거림의 다름 또한 새로운 삶을 살아가고 있다고 볼 수 있지 않을까.

반짝이는 윤슬. 출근길, 지하철 7호선이 뚝섬유원지역을 지날 때 마주하는 첫 번째 반짝거림이다. 나와 같이 자리에 앉지 못한 사람들은 덕분에 고스란히 윤슬을 눈에 담을 기회를 얻게 된다. 다리 위를 지나는 순간 기관사의 배려인지 안내 방송 없이 온전히 풍경을 눈에 담을 수 있다. 오리배들은 잘 정리되어 있나, 혹시나 폐기물이 둥둥 떠다니지는 않을까, 힘차게 한숨을 뱉어 내는 물고기의 흔적은 어디 없나, 괜스레 오지랖을 떨어 보는 순간이다. 지하철에서 보내야 하는 고독을 잊기 위해선 핸드폰에 의존하지만, 뚝섬유원지역을 지날 땐 자연스럽게 디지털 디톡스를 경험하게 된다.

반짝이는 눈빛. 가끔 갓생을 표방한 생활 시간표를 세우기도 한다. 출근 전 헬스. 회사 지하에 위치했고 샤워실도 있어서 그런지 헬스장 가는 시간이 걸린다든지, 운동하고 씻고 다시 집 와서 옷 갈아입고 할 시간이 없다는 핑계는 진짜 핑계가 되어 버린다. 아침에 도착한 헬스장에는 꽤 많은 사람이 있다. 단골도 여럿 있다. 천국을 맛봤는지 천국의 계단에서 내려오지 않으시는 분, 죽기 직전까지 데드리프트 할 기세인 분. 할 수 있는 운동이 한정적인 난 그 틈새를 비집고 들어가 잠들어 있던 근육을 자극한다. 사방을 둘러싼 거울엔 반짝이는 눈빛들로 가득하다. 어느새 나도 졸린 눈 대신 무척 힘을 주고 있는 눈으로 상기되어 있다. 아침에 운동하고 일을 하면 신기하게도 피곤함의 무게가 평상시보단 가볍게 느껴지는데 갓생했다는 동기부여 덕분인가 싶다.

반짝이는 웃음. 퇴근 후에는 유독 반짝이는 장면이 잦다. 드디어 개인적인 시간을 보낼 수 있다는 기대감과 일에서 벗어났다는 안도감. 웃음을 미리 예약한 듯 곧 마주한 사람과의 약속. 온 세상이 반짝거린다.

평소에 별다른 약속이 없을 땐 여자친구와 나란히 앉아 아이패드를 틀어 두곤 저녁을 먹는다. 유튜브는 라디오처럼 틀어 두고 귀에 걸리는 소재에 관해 이야기를 나누거나 괜한 장난을 친다. 아니면 〈돌싱글즈〉의 패널처럼 차진 리액션과 전혀 예상하지 못한 포인트를 지적한다. 어쩔 땐 "하지 않아도 될 말을 하네?"라는 말을 들으며 혼이 나기도.

퇴근 후엔 모든 게 재밌다란 말이 있듯 밥 먹고 소화할 겸 거리를 걷는 것도, K-디저트 붕어빵을 맛보기 위해 웨이팅 하는 것도 이렇게 반짝거리는 하루가 된다니. 다른 관점으로는 회사라는 희생양이 있어서 가능한 반짝이는 행복이 아닐까.

49

지하철에서
찾은
물아일체

기능이란 건 생각하기 나름이다. 도서관, 게임방, 카톡방, 명상실, 인터뷰실의 다른 이름이 대중교통이 될 수도 있다는 건 주체에게 달렸다. 교통수단으로만 작용하는 건 기본. 익숙함에 익숙해진 우린 멀티 태스커가 된다. 과거엔 신문을 읽거나 잡담 또는 멍을 때렸다면 오늘날은 다양한 플랫폼의 등장과 걸맞게 복잡해졌다. 물론 고개를 쭉 내밀며 핸드폰 보는 자세는 옛 어른들이 신문 볼 때와는 별반 다르지 않다. 이 기기 덕에 뉴스도 보고 책도 읽고 공부도 할 수 있는 건 너무나도 당연한 현상 아닌가.

자연스럽게 자리에 앉자마자 핸드폰을 찾는 우리는, 노자가 그렇게 외쳤던 물아일체를 대중교통에서 이루게 되었다. 폰 없이 출퇴근을 당최 어떻게 할 수 있겠느냐는 말도 들었다. 백번 천번 공감한다. 그렇지만 이런 의존적인 현상을 직시하게 되면 유치하게 보이겠지만 내심 거꾸로 하고 싶은 반감이 든다.

지하철 문이 열리면 마주하게 되는 모습. 군대처럼 핸드폰을 '받들어 총' 자세로 들고 일렬로 앉아 있는 장면이 어느 순간 기시감이 들 땐 괜스레 핸드폰을 찾지 않게 된다. 차라리 오늘은 멍을 때려 봐야지란 생각 5분이 지나면 주머니에 슬쩍 손이 가는 건 못 참긴 하지만…. 터널을 지나가고 있는 지하철 속 거무튀튀한 창문으로 보이는 나와 무척이나 닮은 사람 한 명을 본다. 본능적으로 핸드폰에 손이 갔던 걸 무안해하는 눈초리다.

'다 때가 있는 법이겠지.'

한창 자격증에 몰두했을 땐 대중교통 이용 시간은 곧 학습 시간이었다. 출근 시간엔 백색소음만이 가득하다. 미리 준비한 비법 노트를 꺼내 공부한다. 도착지까지 몇 문항을 외운다는 마음. 자리가 널널한 지하철에서의 몰입도는 스터디 카페 버금간다. 자격증의 시대는 끝나도 대중교통 이용 시간만큼은 유의미하게 보내자는 기조가 강했다.

한때는 지하철이 움직이는 도서관이었던 적이 있다. 이곳에서 만큼은 종이책보다는 전자책이 이상하게도 집중이 잘 된다. 흔들리는 곳에서 다루기 쉬운 플랫폼이 핸드폰이라 그런 듯싶다. 엄지로 툭툭 페이지를 넘기며 속도를 올리는 열차처럼 마지막 온점을 향한다.

한창 책에 맛 들이려는데 밀리의서재 무료 구독이 끝나 버렸다. 이 기나긴 통근 시간을 어찌 보낼지 고민하는 과도기를 거치는 중 종합 도파민 세트 구성이 내게 찾아왔다. 지하철 타기 전까지 듣던 노래를 끝맺음하고 넷플릭스를 몇 분 보다 유튜브로 넘어가고 스포츠 하이라이트 몇 개 보다 자연스럽게 쇼츠로 편승. 이미 본 내용이 반복되거나 현타 오는 걸 보자마자 바로 나가 다시 음악을 듣거나 괜스레 통장 잔고와 향후 일정을 리마인드한다.

다시 유튜브로 들어가다가 불현듯 네이버 포털에 들어가 뉴스를 랭킹별로 톺아보며 하차 준비를 서서히 시작. 분주한 손가락과 눈동자가 느껴지는지 내면의 도파민의 분출은 못 막는다. 이 중독에 끝맺음을 안겨 주는 건 직감이다. 신기하게도 '이제 내릴 때가 되었는데?'란 생각에 현 위치를 보면 두세 정거장 전. 3년간 같은 곳에 출퇴근하는 장점으로 직감이 뾰족해진다는 걸 추가해야겠다. 이걸 좋아해야 할진 잘 모르겠지만….

50

태어날
때부터
1인 기업가

어려운 숙제가 있다. 비단 나뿐만 아니라 숨 쉬고 있을 생명체라면 안고 있는 공통의 문제.

'어떻게 살아갈 것인가.'

각기 다른 영혼을 부여받았으니 그 쓰임의 정도는 오직 나만이 정할 수 있다. 마치 하나의 기업을 운영하는 사업가와 닮았다. '나'라는 대상의 이윤 성취를 위해 매 순간 고민과 선택이란 결재를 해야 하고 차후에는 결과 레포트를 받듯 성패의 감정을 맛봐야 한다. 심지어 회사는 분업이라도 할 수 있는데 이건 뭐 1인 기업이니까 어려움의 강도는 엄청나다.

새로운 카테고리에 도전하는 스타트업 자세를 취할지, 기존 제품을 리뉴얼하는 정도의 보수적인 사람이 될지 본인이 지향하는 삶의 가치가 관건이다. 하지만 삶의 가치를 백 퍼센트 스스로 창조해 낼 수는 없다. 마케팅이든 패션이든 무형의 서비스 그 무엇이 되었든 레퍼런스에 레퍼런스가 더해져서 디벨롭된다.

삶의 가치도 그렇다. 누군가의 삶을 동경하거나 오히려 반면교사 삼아서도 본인의 길을 찾아낼 수 있다. 그중 본능에 가장 가까운 건 태어날 때부터 함께한 부모의 삶일 테다. 또 부모의 잔소리도 한몫했을 것이 분명하다.

우리 부모님뿐만 아니라 내 나이를 거쳐 간 모든 분들 또한 좋은 멘토인 건 분명하다. 다만 세월이란 주름이 깊이 박혀 있는 레퍼런스는 곧장 내 삶에 안착하기 어렵다. 본인의 성향을 기반으로 여기저기 재편집해야만 한다. 20년 전의 스물아홉 살과 지금의 스물아홉 살은 극명한 차이가 있으니까.

1998년 초판이 나온 양귀자의 〈모순〉에서는, 빈약한 인생에 대해 고민하기 시작한 건 자신이 스물 중반의 결혼 적령기라는 것과 무관하지 않다는 구절이 나온다. 지금 결혼 적령기는 서른 중반 아닌가. 인생의 중대한 이벤트 또한 벌써 10년이란 간극이 생겨 버렸다.

역시 전적으로 의지할 건 나밖에 없다. 나도 모르게 나로부터 발현되는 감정, 욕심, 호기심, 포기 모먼트를 캐치 해야 한다. 수많은 레퍼런스를 보면서, 다양한 인풋을 찾아다니면서 찾게 되는 소량의 아웃풋을 만나볼 수 있길 기대해야 한다. 영화 한 편을 봐도 여러 관점의 비평이 나오지 않나.

삶의 가치관을 바라보는 관점을 탄탄하게 만들어 나가야 한다. 방대하진 않지만 집게로 집을 만한 크기는 또 아닌, 적당한 타협이 있는 관점의 크기를 찾아보자. 그래야 내일 뭐라도 할 추진력이 생기지 않을까.

51

참 을 수 없 는
드 립 의
가 벼 움

장소 불문, 거두절미. 내 주변에도, 당신 곁에도 무작정 드립부터 날리는 사람이 있다. 누군가의 그분이 높은 드립 성공률을 갖췄다면 다행이지만, 열정만 그득한 사람이 옹졸하게 입을 오므리고 있을 때부터는 '또 시작이네'란 마음의 말을 찌푸린 미간이 대신한다.

편한 사람들끼리 있으면 대화의 '킥'은 드립이긴 하다. 어쩌면 예상치 못한 드립이 화두가 되어 새로운 술안주의 향연이 펼쳐지기도 하니까. 물론 대화의 종결을 앞당기는 역기능도 있지만 대화의 끝과 시작을 좌지우지하는 힘은 무시 못한다.

회사 미팅에서도, 동아리 멘토링 중에도, 여자친구의 고민 토로에도 참을 수 없다. 어쩌면 참을 수 없는 사고 회로의 가벼움이 약점이라고 볼수 있다. 물론 가만히 있질 못해 드립을 하는 건아니다. 심지어 낯선 이에게 먼저 말을 걸지 않는성향. 다만 상대가 마음을 열기만을 아니 먹잇감을 던져 주길 기다릴 뿐.

'너의 역량을 발휘해 봐, 너 카피 출신이라며.'

테니스 서브를 하듯 먹잇감을 토스하는 순간 타이밍을 지켜보고 스매시를 날린다. 가끔은 폴트, 또 가끔은 서브 에이스. 가장 좋은 건 맛있게 들어간 공을 맞받아치는 상대가 있을 때다. 랠리가 지속되며 서로가 느끼며 만족하는 손맛. 이게 묘미지….

회사에서는 마주하는 직급에 따라 시도하는 드립이 달라진다. 연차가 오래된 분들에겐 되도록 드립을 지양한다. 오해를 불러일으키기 쉽고 재미없으면 바로 실수가 되어 버린다는 큰 리스크가 있기에. 반면 신입이나 막내 분들에겐 일에 대한 이야기를 하기보단 주로 드립만 날린다. 이런저런 이야기를 하다가 결국 마무리는 농담. 회사에서 일만 하기엔 시간이 아깝지 않나. 때로는 시답잖은 말이 비즈니스화된 뇌에 휴식 시간과 안도감을 준다.

내가 막내고 신입일 때도 그랬다. 사석에서 만나거나 점심시간에 커피를 마시면서 일 이야기 듣는 건 나른했기에. 씰룩이는 입꼬리와 함께 말도 안 되는 장난과 부장님 개그를 치는 선배와의 자리가 더욱 맘이 편했고 웃었다. 그런 사람(회사원)이 되어야지 싶었다. 하루 종일 일만 하는 사람이 되긴 싫었다. 회사란 테두리 안에 낙서를 하는 사람. 누군가는 그 낙서를 장-미셸 바스키아가 그린 그림으로 볼 수도 있지 않을까. 심층적인 고뇌와 날카로운 붓의 움직임을 복기하는 분들에겐 성에 차지 않겠지만.

가볍게 그려진 낙서는 마음의 부담감을 내려놓아야만 그 정서를 받아들일 수 있을 테다. 그린 사람이든 보는 사람이든. 한숨 대신 잔웃음과 미소를 뱉어 보는 시간을 벌자.

내가 할 수 있는 한, 내가 회사를 다니는 날만큼 후회하지 않을 만큼 낙서를 해 보자. 흑심으로 그린 낙서를 파스텔로 칠해 줄 누군 가가 있길 바라는 마음으로.

회사 밖에선 ▼

뭐
하
니
?

**"남정네들끼리
여행 갑니다."**

2021년 12월 말, 코시국이 잠잠해진 다음부터 여행이란 단어를 제대로 쓸 수 있었다. "밥 한번 먹자"에 버금가게 상투적으로 쓰였던 "담에 여행이나 가자"란 말이 1월부터 쌓이고 쌓여 12월까지 누적되었으니 새해가 오기 전 해소해야 하지 않겠나.

당장 다음 날 친구 둘과 떠나기로 했다. 조용한 방을 벗어나 어디론가 발을 딛고 싶은 친구. 시끌벅적한 엠티 분위기를 다시 느끼고 싶은 친구. 그렇게 우린 한 시간 만에 제주도행 비행기를 예매하고 방을 구했다. 여행이 주는 설렘은 이런 맛이었지… 회고하며 서슴없이 지갑을 열었다.

여행 전날은 여행의 가치가 최고가에 다다른다. 큰 가방에 차곡차곡 옷을 넣고, 빠뜨린 게 있는지 고민하고, 비행기에서 볼 영화를 저장한다. 완벽하게 준비했다는 개운함을 안고 평소보다 일찍 이불 속에 들어간다. 설렘이란 이불을 덮고 맛있는 음식의 향과 멋있는 바다의 풍경을 교차로 상상한다. 항상 여행 가기 전날 밤, 극상의 도파민을 만나지 않나. 설레고 또 설레며 잠든다.

제주도는 추웠다. 여행의 묵은 설렘을 한껏 품고 있던 우리는 뜨거웠지만. 무섭게 휘몰아치는 제주도 바람에 설렘이란 촛불들은 하나둘 온기를 잃어 가고 있었다. 어쩌다 보니 따스한 히터와 음료가 있는 카페만 가고 있었다.

　남자 세 명의 카페 탐방기. 차를 타고 카페를 찾아 시그니처 메뉴를 시키고, 차를 타고 음식점을 찾아 메인 메뉴를 시키고, 차를 타고 편의점 찾아 술과 안주를 사고 숙소를 온다. 이놈의 여행 루틴은 예전이나 지금이나 변하질 않는다. 다음 날은 숙취를 호소하는 친구들을 태우고 울퉁불퉁 비포장도로를 달려 어제와 다른 카페를 간다. 오늘의 해장은 아메리카노였고 디저트는 어제 술에 거나하게 취한 친구의 목격담이었다.

　뻔한 남정네들의 여행이지만 그래도 여행 마지막 날엔 허탈한 아쉬움이 가득하다. 그럼에도 불구하고 집에 도착했다면, 그리웠던 내 침대에서의 낮잠만큼 또 개운한 건 없더라.

　그래, 이게 또 여행하는 맛 아니겠어.

**"잘 먹고살려고
다이어트
합니다."**

체중계 속 흔들리는 얍삽한 숫자. 숫자의 위협적인 가치가 피부에 와닿는 순간, 우린 다이어트를 결심한다. 숫자가 떨어질수록 자존감은 커진다. 구슬땀이 옷을 적실수록 숫자의 두려움은 말라 간다. 식탁의 무게가 적어질수록 이상적인 숫자가 될 가능성이 높아진다. 우리 몸의 부피를 대변하는 그 숫자. 삶의 습관을 바꿀 만한 위력을 가졌다.

다이어트는 낯설게 다가온다. 예능이나 인스타그램에 보면 바디 프로필을 찍기 위해 다이어트를 하는 사람이 줄곧 보인다. 헬스 트레이너의 혹독한 식단 관리와 운동. 힘들어하는 다이어터. 일평생 그렇게 살아 본 적이 없기에 나에게 다이어트는 거리가 멀었다. 그렇다고 자기 관리에 무관심했던 건 아니다. 단지 살을 빼기 위해 식단 조절을 하거나 단기간 고강도 운동을 한 적이 없을 뿐. 그것보단 원체 식욕이 없고 운동을 좋아하는 성향이라 불필요한 살이 찌지 않았다. 물론 대학에 들어가기 전까진.

술을 접하자 달라졌다. 대학생 땐 술을 물 마시듯 마셨다. 성인이 되어 만나는 새로운 관계를 끈끈하게 이어 주는 영롱한 초록 물건. 친한 친구와 가족에게 표출하지 않은 속마음과 어리광 섞인 행동을 낯선이에게 터놓고 표현한다. 오히려 술은 숙취 해소제다. 마음속 응어리져 있는 숙취같이 말할 수 없는 고민을 술술 말하게 한다. 대신 묵은 때 가득한 고민을 비워 주는 대신 비용이 생긴다. 사람들은 그걸 술배라고 부른다. 운동으로 빼기 힘든 뱃살이 이자가 불어나듯 내 몸에 붙었다.

살에 대한 걱정은 더 늘어 갔다. 여자친구를 만난 이후부터 본격적으로 살이 찌기 시작했다. #데이트맛집, #데이트카페란 단어는 인스타그램이나 블로그에 즐비하게 보인다. 데이트는 맛집과 카페를 내포한다. 여행을 가도 마찬가지다. 전주에 맛집을 가고, 한옥 스타벅스를 간다. 집으로 돌아올 땐 캐리어에 담을 수 없는 살덩어리를 몸에 싣고 온다. 텅텅 비어 가는 지갑 대신 통통 채워지는 지방. 결국 다이어트는 혼자 할 수 없는 것이 된다. 다이어트가 데이트가 되어야 지방과의 이별을 할 수 있을 것 같다.

다이어트는 잘 먹고살기 위해서 하는 게 아닐까. 겉모습을 자신이 원하는 대로 만드는 다이어트든, 비대해지는 자신이 싫어 목표 체중을 위한 다이어트든 결국 나를 위한 다이어트다. 우린 잘 먹고 살기 위해 먹지 않는다.

**"이별 말고
작별하고
있습니다."**

가슴 아픈 이별을 아직 경험하진 못했다. 그런 이별은 모른다고 해도 무방하다. 어떤 감정일지는 표면적으로만 안다. 이별을 겪은 친구의 한탄을 들었고, 이별을 소재로 한 소설을 읽었고, 이별을 결심하는 표정을 봤기에 나에게 이별이란 누군가의 이별이다. '이별'에 나의 추억이 담기기 전까진 작별에 가깝다. 그래서 하루에도 수많은 이별을 한다. 이별의 허들이 높지 않기에 매일매일 새로운 이별을 한다.

"먼저 왔으니까 먼저 갈게."

술자리 중 일찍 가려는 친구의 말이었다. 달리 말하면 우리에게 이별을 통보했다. 차마 붙잡지도 못하게 한 말. 다시 생각해 보면 먼저 온 사람이 왜 먼저 가야 하는지 아무런 이유가 없었다. 단지 말장난뿐. 하지만 먼저 가야겠다는 명징한 태도가 느껴진다. 아주 잠시 나에게서만 아우라를 뿜어낸 그는 수많은 이유를 막론하고 집에 갈 수 있는 든든한 필살기를 마련한 것이다.

이별은 만남에서 비롯된다. 만남은 어디서든 가능하다. 밖에서든, 안에서든, 심지어 눈을 감고 있어도 무엇과 접한다. 고로 생각이 많아질수록 이별도 많아진다. 이별의 정도는 작별의 수준이지만, 이별은 주위에 빈번하게 일어나는 당연한 이치. 이런 무의식이 잠재한다면 폭풍처럼 다가올 낯선 이별에도 잠잠할 수 있지 않을까. 적어도 견고해진 댐처럼 무너지진 않겠지.

"성게 같은
만남을
갖습니다."

"삶의 즐거움 대부분이 시시해졌다. 안 먹는 반찬 같아진 지 꽤 됐다. 사교계 게임, 이런 게임, 저런 스포츠 (…) 예전에 꺄르르 재미있어하던 것에 통 젓가락이 안 간다."

팀에서 정기 구독한 〈chaeg(책)〉이란 잡지에서 읽고 그대로 메모장에 옮겼다. 즐거움이 시시해졌다는 포인트엔 공감하진 않았다. 아직은 즐겁다는 의미겠지. 안 먹는 반찬과 시시해진 삶의 즐거움을 빗댄 것이 재밌었고 이런저런 활동들에 젓가락이 가지 않는다는 센스 있는 마무리가 감탄스러웠다. 단지 그래서 그랬다.

적어도 아직은, 삶에서 즐거움이 많아야 하지 않나. 누가 시키진 않았지만 즐거움을 찾아다니는 그런 사람에 가까워야 하지 않을까. 의무감에서 오는 즐거움만이 시시하다고 느끼며 생동감 있는 즐거움을 찾아 떠나는. 어린 동심이 머물렀던 자리가 어딘지 더듬어 보면서 내적 모험심을 촉발시키는. 적어도 아직은, 그런 사람이어야 어울리지 않을까.

지금 나에게 즐거움은 만남에서 온다. 새로운 만남보다는 익숙한 만남. 그렇다고 뻔한 만남은 아닌 만남. 한정적인 대화 범주에서 겉도는 일종의 토익 스터디 같지 않은 그런 만남. 성게 같다. 뜬금없지만 성게 같은 만남이라 하고 싶다. 모든 색을 담고 있는 검은색 외향처럼 나에 대한 모든 것을 담을 수 있는 듬직함. 어색하지 않은 들쑥날쑥한 배열의 뾰족한 가시로 자기 보호를 하는 성게처럼 대화 흐름을 이어 가거나 무시하거나 화제를 바꾸는 등 규칙성이 중요하지 않은 대화를 할 수 있는 만남이다. 오로지 자기의 즐거움이 우선인 친구들이라 이런 이기적인 것도 즐거움이 될수 있는 게 성게 같은 만남이다.

만나고 있는 친구들은 각자의 뾰족한 가시 속에 즐거움이 목적인 방향성을 내포한 듯하다. 네가 잘될 수 있게 조언이나 충고가 아닌, 잔소리는 더더욱 아닌 말. 서로 깊숙이 찌르지 않게 조절할 수 있다. 약간의 통증이 통찰이 될 수 있게. 지압 판을 밟아서 건강해지듯 통증이 자극제가 되어 더 나은 길로 가야 하니까. 그 친구가 통찰하는 순간까지 조금씩 조금씩 통증을 가하고 당한다. 우린 서로 잘되길 바라는 수평선 모양의 방향성을 지니고 있다.

즐거움의 무게는 가볍다. 어쩔 땐 휘발성이다. 지금 이룬 꿈들은 한참 전에 내가 즐겁기 위한 목표였다. 나중에 잘 살기 위해서 이루어야 할 목표이자 꿈. 그 목표를 달성하기까지의 과정엔 즐거움보다는 걱정이 앞섰지만, 오로지 미래의 즐거움을 위해 기다렸다. 예전 목표를 이루어 낸 지 몇 달 후, 즐거움이 휘발되었다. 뜨겁지 않은 지극히 평범해진 열정의 온도로 인해 즐거움은 휘발된 것이다. 표정은 마음의 창이라고 했나. 사막처럼 건조해졌고, 조금만 밟아도 아스라졌다.

다행히 사막은 축축해져 견고해졌다. 갈증을 머금고 살고 있었는데 마른침이라도 여러 번 삼키고 억지로 삼켰다. 내가 무엇을 하면 즐거울까. 예전에 내 목표는 무엇이었을까. 이렇게 과거를 되새김질하며 침을 삼켰다. 하고 싶은 게 생각났다. 앞으로 즐겁기 위해 살아갈 자신이 생겼다. 즐거울 수 있는 계획을 세우는 건 언제나 즐거운 일이니까. 그 즐거울 일을 이룬 다음은 아직 생각하지 않기로 했다. 그러니까 더 즐거워진다.

（＋）

"인생 영화를
찾고는
합니다."

"최근에 개봉한 그 영화 봤어?"

영화는 스몰 토크에 꽤 쓸 만한 소재다. 조용하다 싶을 때면 거대한 배우 라인업을 자랑하는 볼록 버스터 영화나 실력 있는 감독의 작품 등의 예고편이 터진다. 더군다나 영화 관련 짤이나 밈이 생성되는 건 이제 마케팅 수단으로 여겨지고 있으니 영화를 늦게 보면 손해라는 생각까지 든다. 이런 분위기 속에서 대개 영화 관련 이야기를 하게 되면 상당히 가벼워진다. 표면적이다. 그저 사실 확인하는 정도로만 전개된다. 끝맺음은 항상 이렇다.

"나중에 그 영화 봐야겠다!"

그렇게 영화와 관련된 대화는 증발된다.

마냥 가볍지만은 않다. 인생 영화가 무엇인지는 그 사람의 취향, 가치관을 투영시키기도 하니까. 그래서 그런지 영화 평론은 진지하다. 아마 평론의 시초는 자기변호일 테다. 가령 이런 대화이지 않을까?

"나 이 영화 좋아해. 왜 좋아하냐고? 영화를 자세히 봐봐. 우스꽝스러운 비지엠이라도 주인공을 로우 앵글로 찍고 있고 그 주위 미장센을 이해하면 전혀 웃기지 않을걸? 그래 내가 그 포인트에서 이 영화를 좋아하는 거야."

좋아할수록 변호하게 되고 세심해진다. 원래 좋아할수록 덕후가 되는 거니까.

내가 세심하고 뚫어지게 본 영화는 대체로 글루미하다. 한창 독립 영화의 톤을 좋아했을 때도 있었다. 영화를 본다는 게 멍 때린다는 느낌과 비슷했기에. 생각이 많은 시기였고 그래서 멍이란 행위를 대놓고 할 수 있는 독립 영화를 좋아했다. 그 시기쯤 인생 영화를 보게 되었다. 미학 교수님이 추천해 주신 〈글루미 선데이〉였는데 다섯 번 돌려 봤다. 필요할 때만 나오는 음악과 효과음. 지나치게 긴 장면. 화려한 효과 없는 순수한 영상. 한 번은 주인공의 표정에 집중하고 다른 날은 주변 배경을, 또 다른 날은 복합적으로. 이목을 끄는 인위적인 장치가 없는 장면들을 온전히 내 주관적인 시선으로 볼 수 있다. 아무런 잣대 없이 막무가내로.

책 읽듯 영화 보는 걸 좋아한다. 어느 기사에서 스트레스 해소법 1위는 독서라고 했다. 왜 그런지 알 것 같다. 초반에만 집중하면 어느 순간 차분해지고 생각이 정리된다. 결국 스트레스의 원인이 아무렇지도 않은 것이란 게 와닿는다. 이런 무無에 가까운 마음이 내가 차분한 영화를 좋아하는 이유다. 다시 말해 책 읽듯 볼 수 있는 영화. 점점 몰입하는 걸 방해하지 않고 블랙홀로 압축되듯 쏘옥 그 장면에 이입할 수 있는, 그런 느낌을 즐기고 있다.

직장 동료가 〈범죄도시 2〉를 봤는데 꼭 보라고 한다. 손석구도 나오고 〈범죄도시 1〉보다 더 재밌다고 하더라. 반응을 제대로 못했다. 마스크 속 입이 움찔움찔했다. 결국 "아 그거 개봉했구나~" 얼버무렸다. 지극히 표면적인 리액션을 했다. 이번에도 마동석이 짧고 굵은 액션으로 범죄를 소탕하는 내용이겠지? 툭툭 치는 잽의 재미와 특유의 코믹을 즐기는 것도 영화 보는 맛이니까. 나 혼자 분류를 한다. 이 영화는 친구들이랑 같이 볼 영화라고. 영화관에서 혼자 보고 싶은 영화가 개봉하길 기다리고 있다.

기대된다. 먼지 쌓인 침묵 아래. 그것도 합의된 침묵 속에서 오로지 스크린 불빛에 그날의 감정을 맡길 수 있다는 것이. 불빛들은 내내 동요하지만 다시 말해 나의 감정에 공감하듯 고개를 끄덕이지만, 침묵으로 누구보다 명쾌한 조언을 해 준다. 간섭 없는 조언을 해 주는 유일한 존재다.

**"업데이트
합니다."**

방구석에서 여행을 떠날 수 있는 아주 간단한 방법이 있다. 심지어 무료 서비스이다. 오래전 사진첩 들여다보기.

몇 번 봤던 사진이겠지만 강한 저항을 맞닥뜨릴 수도 있다. 주체할 수 없이 손발이 오그라들거나. 훼장에서 튀어나오듯 툭 튀어나오는 웃음. 이건 내 미래에 지장을 줄 수 있겠다는 사진들을 마주하곤 앨범에서 살짝 빼 둘까 고민도 한다. 이렇게 추억 여행하는 것도 이젠 간단해졌다. 묵직한 먼지가 쌓인 사진 앨범을 찾을 필요 없이 핸드폰 앨범 스크롤을 쭉 내리기만 하면 되니까.

성수와 서울숲 부근을 돌아다니다 골목길에 덩그러니 놓여 있는 한 카페에 들어갔다. 트렌드는 이곳임을 온몸으로 표현하고 싶은 카페였다. 간판도 없는, 방금 갈은 것 같은 거친 돌로 된 의자, 무심한 직원, 그리고 메뉴를 상세히 볼 수 있는 홈버튼이 달려 있는 아이패드 미니. 홈버튼을 누르고 싶은 충동을 억누른 채 사진을 옆으로 넘겼다. 주문을 마치고 든 생각은 이거였다. 어딘가 방전되어 있는 아이패드 미니1을 찾아봐야겠다고. 그렇게 아이패드 미니1을 타고 추억 여행이 시작되었다.

실컷 앨범을 누비다 거실에 버려져 있는 거

치대를 발견했고 카페처럼 아이패드를 상시 비치해 두면 어떨까 싶었다. 넷플릭스나 유튜브도 보면 딱이겠다 싶어 앱을 설치하려는데 "이 iPad에 호환되지 않는다"는 메시지만 떴다. 뭐 넷플릭스는 이해하겠는데 유튜브마저…. 일상의 기본이 된 넷플릭스와 유튜브조차 버거운 존재가 되어 버린 아이패드 미니1을 보니 역시 기계 따윈 인간을 이길 수 없구나란 터무니없는 생각까지 하게 된다. 기기 자체 내에선 최신 업데이트 버전인데도 불구하고 호환할 수 없다는 아이패드의 처절한 외침은 곧 끝을 마주하게 된 유언과 버금가지 않을까.

반면 인간은 평생 업데이트가 가능할까. 어느 책에서 말하길 인간의 뇌는 20대가 넘어가면 더디게 업데이트된다고 하더라. 불행 중 다행히도 더디게. 이제 얼마 남지 않은 20대니까 남은 기간 압축적으로 업데이트를 미리미리 해 둬야겠다란 다짐이 생긴다.

또 신기하게도 30대가 되기 전 이것저것 해 보라는 사수의 이야기도 있었기에 뭐라도 해야지란 다짐은 의지가 되었다. 여러 리스트가 작성되었는데 그중 영어 스피킹, 테니스, 요리, 연기 등. 이전에 해 왔지만 완벽하게 끝내지 못한 활동이나 시도하려고 문 앞까지 갔던 것들이 먼저 생각났다.

업데이트를 하기 앞서 문득 의문이 들었다. 내가 진정 업데이트를 필요로 하는 것일까. 그걸로 만족할까? 이전에 해 왔던 걸 반복하는 게 아닐까. 이미 뇌에게 익숙한 걸 또 들이밀면 반가워할까. 자극이 있을까. 새로운 무언가를 해 보고 싶었다. 정말 생뚱맞을 수도 있지만 아예 도움이 안 되는 건 아닌, 모두가 하는 게 아닌 유일해 보이는 그것.

내 인식에서 무의 지경에 있는 그것을 실체 있음으로 드러내야 하는데 역시나 무가 뭔지 찾는 것은 어려운 일이다. 며칠째 뭐가 있을지 서치해 보고 있는데 납득이 안 되고 포용이 안 된다. 이러한 과정 자체야말로 자기계발 아닐까. '무'란 무엇일까 계속 고민해 보다 머리가 텅텅 빈 그 찰나의 순간을 마주할 때 잠시 무의 상태를 경험했고 이게 무였구나 깨닫듯, 기존에 해 오지 않은 그 무언가를 하기엔 큰 에너지가 필요하다.

주위 친구들은 새로운 걸 하고 있을까. 이야길 들어 보면 스페인에서 워홀을 하기 위해 스페인어를 배운다던가. 소주를 좋아하지만 위스키를 공부한다든지. 이전에 하지 못했던 수영을 배우고 어느 정도 실력이 올라가자 프리 다이빙까지 배우고 싶다든지. 외국에서 공부하고 싶어 했고, 못 했던 수영을 하고 싶어 했다는 목적이 있었다.

제로가 아니라 조금이라도 할 수 있다면 만족할 수도 있고 성취감 또한 뚜렷한 것. 기억 속에 잔재하지 않은 무언가를 하고 싶다. 새로운 자극이 필요하다. 가장 쉬운 자극은 가 보지 않은 곳으로 떠나는 해외여행이지 않을까. 심지어 말이 통하지 않는 나라. 일단 일본을 가 봐야겠다 생각했다. 언제가 될진 모르겠지만 되도록이면 계획 없이 즉흥적으로 가 보고 싶다. 그렇게 시작해 보고 싶다.

**"사진에
기억을 찍어
서 먹습니다."**

어릴 때나 지금이나 유행이 만들어지는 과정
은 비슷하다. 삼인성호. 세 사람이 거리에 범이
나왔다는 말을 하면 거짓말도 진실로 꾸밀 수 있
다란 사자성어처럼 주변의 친구 세 명 이상이 시
시덕거리며 반복하는 말들을 우린 재밌는 거라
여겼고 그것을 유행어라 불렀다.

심지어 행동까지 닮아 갔는데 일요일에 〈개
그콘서트〉를 인상 깊게 봤는지 유행어를 남발하
고 있는 친구를 따라 서로들 웃기고 싶다는 갈증
을 채우고 있었다. 초등학교 때 생긴 이상한 유행
이 있었는데 그건 사진 기피증이었다. 부모님이
사진을 들이밀면 총구라도 들이민 듯 줄행랑을
친다. 이런 기이한 유행은 어디서부터 시작된 것
일까.

초등학교 때 단짝 친구가 있었다. 같은 학교,
같은 아파트, 비슷한 키, 비슷한 환경. 학교를 나
와선 줄곧 친구 집이나 우리 집에서 시간을 보냈
었다. 주말까지도 엄마들과 함께 가까운 여행도
가고 문화재 탐방도 같이 했다. 남들은 우릴 쌍둥
이라 오해까지도 했었다. 그 친구는 왠지 모르겠
는데 사진 찍히는 걸 싫어했다. 조용한 전시회에
서도 카메라 렌즈가 본인을 향해 있으면 신경질
을 내고 도망갔다. 도통 이해가 되진 않았지만 같

은 피사체였던 난 머쓱해지는 상황이었다. 한 명의 이탈은 곧 균형 깨진 시소처럼 마음이 휘청거렸다. 그때부터일까. 사진 찍는 걸 기피하게 됐다.

사람 눈을 마주치는 것처럼 렌즈 보는 게 어색해졌고 언제까지 서 있어야 하는지, 그만 찍으면 안 되겠냐는지 등 재촉이 잦아졌다. 나뿐만 아니라 내 주변 친구들도 그랬다. 사진을 찍기 싫어하는 게 어느새 유행이 된 것이다. 이로 인해 초등학교 시절의 사진은 두 가지 버전으로 구분된다. 억지로 카메라를 응시하는 어딘가 삐딱한 모습과 놀이에 몰두한 자연스러운 모습. 사진을 찍기 싫어하는 유별스러운 아이들 때문에 엄마들은 자연스러운 우리를 간직할 뜻밖의 기회가 생겼다.

습관이 무서운 거라고 어릴 때 카메라를 뚫어지게 쳐다보지 못했던 게 아직 남아 있다. 무언가 사진을 찍자고 하면 머뭇거리게 되고 어색해져 저절로 김치라는 상투적인 포즈를 취하게 된다. 그놈의 김치. 유일하게 카메라 렌즈를 뚫어지게 쳐다보고 멋진 모습을 위해 힘껏 꾸민 날이 있는데 열아홉 살 때 찍은 주민등록증에 들어갈 증명사진이었다.

이젠 그 어색함 따위는 집어던진 모습을 찍어 보고 싶다는 의미로 20대를 대표할 사진을 남겨 보고 싶다. 취업 사진이 있긴 하지만 10대와 찍은 증명사진과 정확히 동일하기에 좀 다르게 찍어 봐야지. 그래도 20대를 대변할 사진이니까 몸을 만들어 볼까, 피부과를 다녀 볼까, 당분간은 건강식을 먹어 볼까, 화보 찍듯이 투 머치 하게 찍어 볼까, 이렇게 고민하면서 시간 보내지 말고 조금이라도 어릴 순간인 지금 찍을까, 어차피 눈에 거슬릴 만한 것들은 다 보정해 줄 테니 올해가 가기 전 사진을 남겨야겠다. 아무리 몸을 만들든, 피부에 광채가 나든 가장 어린 순간인 지금이 가장 아름다울 순간 일 테니까.

인생네컷처럼 사진을 찍을 수 있는 곳이 편의점마냥 많아졌다. 사람들은 왜 인생네컷을 좋아할까. 간편하게 고화질 카메라로 그 것도 즉흥적으로 사진을 찍을 수 있기도 하고, 좋은 순간을 기록하 고 싶어 하기 때문인 것도 그 이유 중 하나일 테다. 좋은 기억을 기 록하기 싫은 사람은 드물 것이다. 기억을 기록하고 싶은 건 어쩌면 본능에 가깝지 않을까. 잊는 건 두렵기도 하니까. 쉽게 잊지 못할 것을 알면서도 일단 잊을 수도 있겠다는 불안감이 어쩌면 더 기록 을 부추기지 않을까. 우린 그 불안감을 한번쯤은 느껴 봤을 테다.

불안감은 경험에서 생기기도 한다. 저장하지 못해 먼지가 되었 던 파워포인트부터 기념일을 기억하지 못했던 날들처럼 기억이 원 인이 된 불행의 결과는 다들 있다고 본다. 잊음으로 생기는 감정은 두려움으로도 확장된다.

언젠간 우정에도 어떻게든 금이 가고 식어 갈 것을 내심 알고 있다. 눈에 보이지 않는 우정이라는 단어를 기억하기 위해 사진을 찍고 있는 걸까? 앞으로 이 순간을 기억하자고. 먼 미래에 우리가 이랬었지, 이땐 친했었지라는 안줏거리라도 남기려고 그런 걸까.

사진 찍기 싫어했던 친구들이 모여 사진을 찍은 날이 언젠간 오 겠지.

**"겨울과의
포옹을
기다립니다."**

사람을 따뜻하게 해 주는 건 그만한 가치가 있다. 무형의 말이든 유형의 사람이든 또는 옷이든. 위로가 되는 말을 생각하는 건 어렵다. 누군가는 진짜 위로는 아무 말이나 하지 않는 것이라고도 한다. 사실 무슨 말이 격려가 되겠는가. 마음이 직접적으로 전달되어 보이는 포옹이 그래서 더 따뜻할 수 있다. 보이지 않는 말보다는 볼 수 있고 또 느껴지는 포옹은 직설적인 따뜻함이다. 추울수록 붙어 있게 되고, 바람이 불수록 움츠러드는 건 본성이다. 우린 이렇게 서로를 안아 줄 수 있는, 힘을 줄 수 있는 힘을 지니고 있다.

〈작은 아씨들〉을 아직 못 봤지만 이런 대사를 우연히 접했다.

"가난은 겨울옷으로 티가 나요."

슬프지만 맞는 말이다. 충동적으로 옷을 사는 걸 방지하기 위해 매달 최대 20만 원씩만 옷을 구매하고 있다. 봄과 여름은 두세 벌은 거뜬하게 살 수 있어 자주 쇼핑하게 되는데 가을을 넘어가는 순간 하나만 사도 한도에 가까워진 것을 쉽게 체감할 수 있다. 20만 원으로 원하는 코트와 겨울옷은 절대 살 수가 없다. 겨울옷들은 우릴 따뜻하게 해 준다는 포옹력의 기능이 더해져 높은 가치를 갖게 되나 보다. 자본주의의 포옹력은 표면적으론 따뜻해지게 하긴 하지만 우리의 주머니 속만큼은 차가워지고 냉담해진다.

한도를 어기고 한눈에 반한 코트를 샀다. 최근 시스템^{SYSTEM}옴므 브랜드에 빠졌는데 대체적으로 블랙 계열의 의류들이 가득한 곳이다. 멀리서 보면 다 검은색 옷들뿐이지만 하나하나 만져 보고 쓱 톺아보면 과하지 않은 유니크함과 창조성이 겸비된 옷들이 보인다. 보이는 것만 그렇지 않다. 입어 보는 순간 매료된다. 팔을 넣을 때 걸리적거리지 않는 어깨와 겨드랑이. 어깨선을 부드럽게 감싸는 안정감. 자세히 보면 보이는 단추의 위치와 주름 그리고 주머니. 어쩌면 한 번도 손을 거치질 않을 디테일들이지만 만약 그 주름선이 없었다면, 단추 두 개만 들어갈 것 같은 그 주머니가 없었다면 아마 그 옷은 평범해질 것이다. 이렇게 작지만 강한 디테일은 입어 볼 때 존재의 이유가 설명된다.

이제 추워질 날만을 기다리고 있다. 사실 기다린지 거의 한 달이 다 되어 간다. 벌써 11월 말인데 점심에 니트 하나만 입고 돌아다녀도 되나 싶을 정도로 따뜻하다. 수능 날만큼은 추웠던 지난날을 생각해 보며 살짝 기대했지만 봄이 온 것처럼 나른했다. 패딩이나 겨울옷 매출이 낮아졌다고 한다. 반대로 선글라스와 수영복의 수요가 많아졌다는데 역시 겨울이란 단어만 봐도 춥고 휴양지로 여행을 떠나고 싶은 건 어쩔 수 없나 보다. 막상 겨울이 오면 가을을 그리워할 것이지만 첫눈에 반한 그 코트를 입고 싶어서라도 이번 만큼은 겨울을 기다리고 있다. 좋아하는 브랜드가 포용해 주는 그 순간을 기다려 본다.

　겨울이 기다려지는 또 다른 날이 있다. 대한민국 방방곡곡 웬만한 곳은 다 가 본 줄 알았던 여자친구와 한 번도 가 보지 않았던 곳. 친구들과는 매년 겨울이 되면 수차례 갔었던 곳. 스키장. 스키를 탈줄 모르는 그녀이기에 같이 갈 생각은 해 보지 않았었다. 그녀가 엘에이에 있을 때 스키장에서 영상통화를 한 적이 있는데 나중에 한국 오면 스키장 같이 가자는 말에 문득 생각이 들었다.

　'아 우리가 스키장을 안 갔었구나?'

　우리 인생 난생처음으로 스키장을 가는 날이라니. 목표는 크리스마스 때 가는 건데 과연 눈치 싸움에서 전국민을 이길 수 있을지 기대가 된다. 집에 방치하고 있는 두툼한 비니가 있는데 슬슬 포장지도 뜯고 제대로 즐길 준비를 해야겠다. 스키장에 울리는 캐럴, 산타 복장을 입은 사람들, 흰 눈 위의 썰매, 김을 내뿜고 있는 어묵탕과 떡볶이. 상상되는 날이라 더 설렌다.

"미래는 알 수 없어도 계획을 세워 봅니다."

누가 정한 것도 아닌데 한 달에 세 번 정도 만나고 있는 친구들이 있다. 노는 건 다 똑같다. 밥과 술 그리고 여행. 술에 꼭 필요한 안줏거리인 스몰 토크로 뒤범벅이 될 때쯤 제약 회사에 다니고 있는 친구는 꼭 미래 계획이란 안건을 던진다. 그것도 갑자기 존칭을 쓰면서.

"○○ 씨는 앞으로 어떻게 살 건가?"

영화 성대모사를 잘하는 그는 누아르의 한 장면처럼 대사를 던진다.

동시에 상대의 인생을 시험하는 면접자의 표정을 앞세워 본인의 뒷배경인 술집 네온사인을 흐릿하게 조성한다. 그 친구는 가끔 정적이 오래간다 싶으면 꼭 향후 인생에 대해 궁금해한다. 그럴 때마다 난 매크로를 입력해 놓은 것처럼, 세상을 다 가질 수 있다는 포부를 가진 듯 말한다.

"아무래도 광고업에 발 들였는데 톱 티어는 찍어 봐야지."

반올림해서 겨우 2년 차가 된 사람의 건전한 포부다.

그 친구가 반복적으로 이런 질문을 하는 이유를 알 것 같다. 생각보다 사람들은 본인의 미래 계획에 대한 구체성은 뚜렷하지 않아 보인다. 지금 하는 일이 내가 하고 싶었던 일인지 심사숙고하고 있는 친구는 미래 계획 안건에 침묵을 보였고, 금융 업계 취업 준비생인 다른 친구는 그냥 후딱 취업해서 돈 벌고 싶다는 넋두리를 풀었고, 마지막 질문을 한 친구에게 그럼 너의 계획은 뭐냐고 묻자 회사를 때려치우는 것이라고 한다. 일을 하면서 이게 맞나란 의구심이 든다고.

제약 회사 친구는 하나는 확실하기 때문에 미래 계획에 진지한 편이었다. 이 길은 내 길이 아니라는 확신. 하지만 어떤 일이 자기의 길이 될지는 모르겠다는 불안감을 해소하기 위해 공감해 줄 사람을 찾고 얕게라도 해결해 줄 수 있는 사람이 나오길 기대하면서 미래 계획이 확실한 사람의 과정을 보고 배우려는 마음이지 않을까. 제약 회사에 다니고 있는 친구에게 말하고 싶다. 이미 미래에 대한 생각을 하고 있다는 것 자체가 대단한 거라고.

자신의 미래 계획을 회사에 가둬 두고 싶지 않다고 했던 친구가 있다. 그 친구를 만나기 전, 난 이런 말을 하고 다녔었다.

"광고업 다 찍고 나선 넷플릭스에 가 보고 싶다. 우리가 살아가고 있는 시대의 대표성을 띠고 있는 곳에 다녀 보고 싶다."

여전히 회사란 틀을 유지한 내 최선치였다. 하지만 그 친구는 달랐다. 고개를 갸우뚱하며 본인의 미래 계획은 회사에 가둬 두지 않을 거라고 단호하게 말하는 걸 보고 내색하지는 않았지만, 뒤통수를 맞은 것 같았다.

고작 회사란 것에 미래 계획을 건다는 건 인간 그 자체로서 최대치의 결정은 아니라는 것은 자명하다. 회사는 사회적인 꿈의 집결지 아닌가. 주체로서의 내가 진정 원하는 미래 계획을 찾아가는 과정이 살아간다는 것에 가깝지 않을까. 넷플릭스에 취업하고 싶다던지, 광고 회사 톱 티어를 찍어 보겠다던지가 아닌 본인만의 욕구를 해소할 수 있는 그 무엇을 위해 땀을 흘리고 팔을 걷어붙이고 머리를 부여잡으면서까지도 인내와 고통을 겸비한 그 과정까지 즐거워하면서 이뤄 내고 싶은 것이 내 미래 계획으로 가치가 있지 않을까.

그렇다면 진짜 내 미래 계획은 뭘까. 무엇이 되었든 글과 관련될 것 같다. 활자 중독은 아니지만, 글을 좋아하고 문장이 지닌 힘을 믿고 있다.

"나는 생각한다. 고로 존재한다."

대학 시절엔 철학적 논제인 이 한 문장을 이해하기 위해 논문 및 철학 책 몇 권을 읽어야 했고 관련 강의도 몇 차례 들어야 했던 것처럼. 누군가의 한 문장이 펼칠 수 있는 힘의 영향력이 막대한 건 이미 느꼈었다. 또 훈련소 시절 허리가 아픈 동료들의 회복을 위해 명백히 쉬는 시간에도 불구하고 누워서 쉬지 못하게 하는 환경에 고충을 토로하는 몇 문장, 글로 누군가의 불편함을 해결해 줄 수 있는 것도 목도했었다.

내 글이 어떤 영향을 끼칠 수 있을까가 중요한 포인트는 아니지만 누군가가 읽고 공감하고 좋아하고 또는 싫어하는 그 순간들을 마주하고 싶다. 꼭 이름이 기재된 책을 낸다는 게 목적은 아니다. 누군가의 감정을 흔들 수 있는 글을 자유자재로 쓸 수 있는 내가 될 되는 게 원대한 계획이다.

식물 키우기는 실전이다. 게임 속 캐릭터를 키우는 것이 아니다. 죽으면 다시 살려내고, 광고를 보고 보너스 포인트를 얻을 수 있는 활동이 아니다. 게임 속 캐릭터는 오랫동안 로그인을 하지 않아도 죽지 않는다. 반대로 본인이 시간과 돈을 투여한 만큼 캐릭터의 힘은 강력해진다. 일정 부분 비례성을 지니고 있다.

식물에 부여하는 시간과 돈의 투자는 그들 자체의 생산성에 조금이라도 보탬이 되겠지만 한정적이다. 잘 키우자는 마음에 물을 과하게 주거나, 영양제를 과입하거나, 온실 속 화초처럼 지극정성 키워도 식물의 생기는 정해져 있다. 먹이를 과하게 먹으면 살이 찌는 우리 동물들과는 다른 체질이다.

이렇게 식물을 키운다는 건 과하지 않는 태도를 가져야 한다는 것. 기상청도 예측하지 못하는 날씨의 변측성은 식물 키우기에 큰 난관에 속하기도 한다. 한강의 라면 기계가 정확한 시간과 물의 양을 맞추며 라면을 끓이는 것과 달리, 식물에 500밀리리터의 물을 줘야 하는지 몇 날 며칠에 햇빛을 마주하게 해야 하는지 등이 정확하게 정해져 있지는 않다. 그날의 건조함, 그날의 온도, 그날의 햇빛에 따라야 한다. 어쩌면 정확함과 규칙성이란 사고의 틀을 깨뜨려야 한다.

식물 키우기는 우리가 살아가는 것처럼 유동적으로 해야 한다는 게 확실한 방법일 테다. 식물은 기계가 아니니까.

집 안에 화초가 여러 가지 있다. 천장에 닿을락 말락 한 식물은 소파 옆에 자리한 지 꽤 오래되었고 선인장과 식물원에서 볼 듯 귀하게 생긴 다채로운 식물들은 햇빛 일등석에 비치되어 있다. 친절하게도 식물의 이름이 적힌 팻말이 같이 심어져 있다.

하지만 내가 이들의 이름을 구체적으로 명시하지 못하고 식물을 식물이라 부를 수밖에 없는 이유는 무관심 때문이다. 가끔 새로운 꽃이 들어오면 어머니께서 이쁘지 않냐 물어보실 때가 있는데 매번 그들을 마주치긴 하지만 그사이에 팻말에 적힌 이름을 볼 생각은 하지 않았다. 거실 옆 베란다에 수많은 식물과 살아가고 있지만 거실조차도 가끔 나가 보는데 어찌 베란다에 식물을 눈에 담을 수 있을까. 외면할 마음은 없다.

현관문을 향할 때 가끔 햇빛 스포트라이팅을 받고 있는 식물들에 눈길이 가기도 한다. 무의식적으로 예쁘다고 생각했을 테니 이렇게 기억 속에 잔존해 있을 것이다. 집 안에서 어머니의 지극정성이 뚜렷하게 반영되고 있는 건 베란다 속 화초일 테다. 갑자기 추워질 때 어머니께서는 롱패딩을 꺼내는 것보다 먼저 화초들 위에 비닐을 씌우셨다. 진짜 온실 속 화초를 마주하는 순간이었다.

꽃을 좋아하셨던 어머니 덕에 어릴 때부터 자주 식물원에 갔던 기억이 있다. 직접 목격했던 수많은 식물 중 유일하게 기억나는 건 '미모사'. 툭 건드리면 움츠러드는 잎들. 식물이 움직일 수도 있는 생명체임을 눈으로 본 첫날이다.

물론 식물들은 고정된 생명체가 아니다. 해의 위치에 머리를 향하고 있는 해바라기처럼 제각각의 방향성을 지니고 있다. 그리고 초등학교 때 〈애국가〉를 제창했더라면 모니터에서 볼 수 있는 개나리나 진달래의 꽃봉오리가 피어나는 장면을 본 적이 있을 테다. 식물은 순간을 위해 살지 않는다. 언제가 될지 모르지만 피어나기 위한 발아를 준비 중이고 연속적으로 살아가는 걸 목적으로 살아가고 있다.

식물에게서 배운다. 순간보다는 연속성의 삶을 방향성으로 잡아야 한다고. 순간의 기쁨보다는 삶의 기쁨을 찾아야 한다고. 모든 식물이 미모사처럼 순간에 반응하지 않듯 우리가 맞이할 순간의 순간은 그저 스쳐 지나갈 뿐이다. 느림의 미학을 지닌 해바라기나 씨앗의 발아처럼 남들에겐 보이진 않는 곳이라도 꾸준히 언제든 발아를 할 수 있는 상태를 만들어 나가야 한다는 걸 배운다. 시멘트를 뚫고 올라오는 나팔꽃이 되든, 언덕을 뒤덮은 군중 속의 장미가 되든. 미래의 구체성을 항상 다짐한 채 피어올라야 한다.

결국 달성해도 어떻게 피어올랐는지 그 노력의 모습으로 다른 결과물과 차별점을 가질 테니 우린 우리만의 모습으로 솟아올라야 한다. '힘내자'를 식물들의 언어로 하면 '발아하자'이지 않을까. 솟아오르는 식물을 본받아 우리도 힘껏 발아해 보자.

"서로를
마주 보는
모임을
갖습니다."

모임은 일종의 규칙성을 띤다. 누가 정하자고 한 것도 아닌데 일정한 공백을 유지한다. 여자 친구와는 최대 이틀이란 공백. 친한 친구들과는 일주일. 회사 동아리 회식은 분기. 일회성으로 끝날 것 같았던 관계라고 생각했지만 은근히 마음이 잘 맞았던 친구와는 1년에 한 번.

서로 약속하진 않았지만 서로 만남의 공백에 이유를 묻지 않기로는 수긍한 듯하다. 공백으로 인한 허전함이 모습을 나타날 때가 있는데 이는 점심시간이 되기 10분 전 꼬르륵 울리는 배꼽 소리처럼 본능적이다. 왜인진 모르겠지만 단톡방에 알람이 울리면 그 모임의 톡이겠고 대충 만남을 기약해 보자는 메시지가 있겠란 촉이 온다.

그러나 어느 순간 누군가는 본능적인 순간이라도 무뎌진다. 카톡의 1이 느리게 없어지거나, 일정이 다가올 때 파투를 낸다던가, 모임 일자 투표에 맨 마지막에 참여를 한다던가. 느려져 가는 반응은 멀어져 가는 마음을 대변한다. 그렇게 모임은 희미하게 꺼져 간다. 성대하게 여덟 명에서 시작했다가 네 명으로, 두 명으로 점점 줄어든다. 생기를 잃어 가는 전구의 빛처럼 모임의 열기는 식어 가게 되어 있다.

모임은 확실한 정체성이 있어야 한다. 구체

적으로 말하면 동사의 정체성이다. 가령 토익 스터디 모임은 평생 만날 목적이 될 수 없듯 명사 형태를 띤 모임은 일회성에 가깝다. 대체로 먼 미래가 아닌 현재에 가까운 미래를 바라보기 때문이다. 관계의 유통기한이 짧게 정해져 있다. 서로가 합의하에 정했을 확률이 높은 명사형의 모임은 대부분들 짧은 만남을 아쉬워하지 않을 테다.

마주 앉아 공부를 해도 그들은 서로 같은 곳을 바라보며 나란히 앉아 있다. 마주 앉아 눈을 마주칠 수 있는 모임은 목적이 서로에게 있을 테다. 공백기에 생긴 새로운 썰이 뭐가 있을지 물어볼 것이고, 우리의 지난 과거에 퍼즐을 이미 여러 번 맞춰 봤겠지만 다시 흩뜨려 놓고 맞춰 보고 있을 것이다. 반복된 말이 유일하게 지겹지 않은 순간이라면 그곳은 동사형의 모임이다.

회사도 모임이란 카테고리일까. 주변 친구들이 하나둘 사회생활을 하고 있어 인스타 스토리를 보다 보면 회사 속의 그들의 모습을 단편적으로 볼 수 있다. 누구는 회사 동료들이랑 꽤 잦은 빈도로 만남을 갖고 주말에도 만나 등산을 가거나 풋살을 한다. 대리님이든 차장님이든 편하게 농담을 주고받고 서로의 고민을 말하기도 한다. 그래도 회사는 회사인 것 같다. 퇴근한 이후부터는 관계를 이어 주는 실이 끊긴 듯 망각한다. 서로를 망각한다.

집에서 저녁을 먹은 후 침대에 누워 회사 동료를 생각한다? 그건 야근이라 할 수 있다. 회사 동료와의 관계를 개선하는 것도 역시 일이다. 다 회사에서의 일을 잘하기 위한 방법에 속하는 것이니까. 매정해 보여도 우린 각자의 목적이 있어 만나는 관계다. 애초에 목적의 방향성은 서로를 향해 있지 않다.

물론 방향성의 나침반은 유동적이라 사람마다 다를 테지만 적어도 지금까지의 난 동료들과 나란히 앉아 있는 걸 추구하고 있다.

**"여행하는
상상하며
설렙니다."**

다가가기 어려울수록 경외심은 깊어지고, 자꾸 생각날수록 지금 내 현실에 아쉬움이 커지게 하는 것. 해외여행이다. 어쩌면 일을 하게 되는 원동력이 되기도 하고 이번 여행은 아랍 왕자처럼 돈 펑펑 써 보자 호기롭게 다짐하지만 내 통장의 지난한 처우를 마주하면 또 겸손해진다.

그냥 짧게 부산이나 갔다 올까란 생각의 시작은 비행 시간 20분 정도만 차이 나는 제주도로 어느새 바뀌어 있고 성수기에 비싼 제주도 비행기 값을 보곤 이럴 바엔 일본을 가겠다란 마음으로 도착지를 경유한다. 이 정도 여행 경비면 투자할 만하다란 생각이 들 때쯤 누군가의 말이 귀에 꽂힌다.

"동남아 공항에 도착했을 때 느껴지는 날씨, 긴팔의 한국과 달리 반팔을 입어야 하는 그 순간이 바로 여행의 설렘 아니겠냐."

듣기만 해도 설렌다. 그래 겨울에서 겨울을 가면 뭐해. 내 친구들은 겨울에 살고 있을 때 난 여름을 즐기는 그 짜릿함.

'그 감성도 여행의 한 부분 아니겠어.'

동남아를 가겠다는 생각으로 드넓은 곳 중 어디를 가 볼까 고민하고 또 고민한다. 갑자기 또 예능에서는 여러 동남아를 가고 있네. 이 정도면 꼭 여행 가라는 운명 아닐까? 항공편 티켓을 알아보러 들어갈 때 벽을 만난다. 경유하거나 한국에서 아침 일찍 출발하고 타지에선 저녁 늦게 출발하고…. 복잡한 건 싫어하는데 벌써부터 복잡해진다.

다들 이래서 패키지로 가는 건가 생각하다 0.5초 정도 패키지로 한번 가 볼까 고민한다. 주변 지인들 중 세부를 갔다 온 후기를 들으면 반 패키지가 있단다. 소규모로 이동하고 원하는 여행을 다 할 수 있다는. 단 비싸다고 한다. 역시나 역시. 여행할 땐 모르는 사람과 동행하기보단 친구와 함께하고 싶어 하고 그냥 부딪쳐야 여행 아니겠냐란 신조를 지켜야 하기에 아직까지 동남아를 못 갔다.

동남아는 아니더라도 이번 연도엔 꼭 해외여행을 가 보려 한다. 독일이나 미국. 머나먼 해외는 오히려 괜찮을지도 모른다. 최근에 갱신한 여권은 항시 도장 받을 준비 중. 해외에 빠삭한 여자친구가 있어 마음이 든든하다. 먼 비행인 만큼 항공편 가격이 비싸도 넓은 마음으로 이해할 수 있다. 여유롭게 여행만 할 수 있다면 높은 물가도 감당할 수 있다. 적어도 2주 정도는 갔다 올 수 있다면 말이지. 회사 동기가 9박 10일 영국을 간다고 한다. 정기 휴일 5일에 평일에 이틀 정도 연차 쓰는 듯하다. 동기가 아주 오래전부터 계획 세우는 걸 지켜봤다. 좋아하는 것부터 하더라. 축구 경기 티켓 예매하고, 뮤지컬 예매 등. 어깨너머로 하나 배웠다. 좋아하는 것부터 계획 세워 보자고.

하루에 하나 이상 좋아하는 취미를 즐길 수 있는 콘텐츠를 넣는다면 계획 세우는 건 그리 어렵지 않아 보인다. 또 두 명의 취미가 더해진다면 2주를 꽉꽉 채울 수 있을 거 같단 자신감이 든다. 숙소나 항공편은 유독 판단력이 강한 날 몰아서 해치워 버리고 공원, 전시회, 카페, 맛집, 산책. 이 재밌는 걸 상상해 본다. 독일에서의 전시회라니, 독일에서의 커피라니. 그곳에선 멍 때리고 있어도 대단한 휴식이 될 것만 같다.

　이번 년도 나의 원동력 중 하나는 독일이 된다. 독일에서의 하루를 기다리며 돈을 모아 둬야겠다. 그곳에서의 커피 한잔을 위해 한국의 커피를 조금씩 줄여 본다.

"좋아하는 음악을 듣습니다."

음악은 취향이 가득 담겨 있다. 사람의 취향부터 시대의 취향까지.

"어떤 음악 좋아하세요?"

아직은 낯선 사람에게 조금이라도 다가가고 싶을 때 하기 좋은 질문이다. 반면 "취미가 뭐예요?"란 말은 매번 답하기가 난해하다. 취미가 평생 한결같은 사람은 드물기 때문인데 어제 새로운 취미가 생겼을 수도 있고, 근래 흥미를 잃은 항목일 수 있다. 애매한 애정이 담긴 취미를 누군가에게 오픈 한 순간 내 이미지는 곧 그 취미에 맞춰진다. 테니스라 답한 그는 '활발하면서 트렌드를 따르려고 하는 사람'이라면, 축구하는 걸 좋아한다 하면 '체력이 좋고 부지런할 것 같은 느낌' 같은 거? 편견 같은 선입견이 생긴다.

그런 면에서 음악은 어떤가. 어느 정도 취미보다는 경계선이 명확하다. 취미보단 신뢰성이 뚜렷하다. 어느 자기소개 시간이었다. 네 명 연달아 하는 소개에 살짝 지루한 하품이 나오기 일보직전. 소개를 하는 사람의 목소리가 여지없이 마침표를 찍었고 그다음 공백이 이어질 때 띄어져 있는 화면을 봤다. 수많은 바이닐 사진들.

'음악 좋아하시는구나? 뭘 좋아할까?'

혼자 추측하던 찰나.

"쳇 베이커도 좋아해요."

'오…!'

유튜브에서 쳇 베이커 음악을 자주 듣고 있었는데. 저절로 몸이 앞으로 기울어졌다. 관심의 척도가 무에서 유로 갈 수 있었던 힘은 바로 음악이었다. 아직 남은 발표 시간은 쳇 베이커의 〈I Fall In Love Too Easily〉가 비지엠으로 흐르는 듯 몰입할 수 있었다.

음악적 취향은 자기주장이 강하다. 〈쇼미더머니〉가 한창일 땐 플레이리스트에 힙합이 가득했지만, 사회생활을 하고 쉬고 싶은 생각이 머릿속에 꽉 찬 이후부터는 재즈나 발라드. 노래 내용이 뭔지 몰라도 색소폰 자체만으로 기분이 좋아지거나 오로지 가사를 불멍 하듯 뚫어지게 쳐다보게 만드는 그런 음악. 음악이 확실한 취향을 담고 있다는 생각을 갖게 된 게 그 이유 때문인 거 같다. 음악 취향은 무의식에 가까운 마음을 담고 있다. 본인이 희망하는 의지이자 약속일 수도 있다.

가끔 플로 같은 스트리밍 앱에서 차트 순위를 보고 듣는다. 누가 봐도 아이돌 시대다. 특히 여성 아이돌의 폼이 미쳤다. 1~6위까지 여자 아이돌. 7위는 어머니의 아이돌 임영웅. 그 이후의 차트에서 20위권들까지도 아이돌과 임영웅의 각축전이 펼쳐진다.

여자 아이돌의 부흥에 대해선 이런 생각을 해 본다. 한창 유행이었던 걸 크러쉬의 나비효과이지 않을까. 이성의 아이돌로 얻는 매력보다 같은 여자들이 뿜어내는 걸 크러쉬. 롤 모델에 남녀 구분이 없듯 닮고 싶은 우상. 말 그대로 가사부터 세계관까지 나만의 아이돌에 부합하기 충분한 매력을 가졌다. 그저 스몰 토크 결의 이야기가 아닌 '나'의 이야기를 거리낌 없이 하는 음악 자체가 롤 모델이 되었다고 볼 수 있지 않을까 싶다.

아이브의 〈I AM〉으로 엔딩을 마무리해 본다.

"다른 문을 열어. 따라 갈 필요는 없어.

넌 너의 길로 난 나의 길로

하루하루마다 색이 달라진 느낌,

밝게 빛이 나는 길을 찾아.

I'm on my way. 넌 그냥 믿으면 돼.

I'm on my way. 보이는 그대로야."

"조급하지 않은 여유를 갖습니다."

시시비비를 가릴 때. 사람은 저마다 기준점을 두고 생각한다. 단지 기준점이 '나'에서 시작하는지, 아님 '남'인지. 'ㅁ' 받침 하나 차이는 알게 모르게 우리 마음에 막대한 영향을 주고 있다. 또 그 시작의 차이는 그 사람의 태도에서 선명히 보인다. 매사 여유로울 것인가, 조급할 것인가.

"무언가 태가 있어."

〈하트시그널〉에서 인기를 독식하고 있는 여성이 한 남자에게 끌린 이유였다. 여유로움을 머금고 태어나는 사람은 없다. 인간의 본성은 살아남는 것이고 생존이 희박해진다면 조급해지는 건 당연하듯, 조급함은 인간의 기본 습성이라 할 수 있다. 태어난 지 1초도 안 됐는데 울음을 터뜨리는 걸 봐라. 생존이란 본능이 이끄는 울부짖음이 아닐까. 반면 여유로움은 후천적인 성향에 가깝다고 본다. 여유로움에 선행되는 건 풍족함이고 그러기 위해선 시간이 필요하기에.

회사에서도 꼭 그런 사람이 있다. 별일이 아님에도 불구하고 매번 조급해 보이는 사람. 발걸음부터가 조급하다. 겉으로 볼 땐 '무슨 일 있는 건가?'란 생각이 들 정도. 근데 별일이 아니었던 경우 이런 태도는 상대를 긴장시킨다. 순간 긴장을 하게 된 상대는 본능적으로 방어기제가 펼쳐질 것이다. 간소한 부탁임에도 불구하고 0.5초 만에 흔쾌히 수락할 수 있을까?

반대로 회사엔 태가 있는 사람도 있다. 분명 급한 일로 알고 있는데 여유로워…. 행동 하나하나가 떨림이 없어…. 시크해…. 불안했던 게 무색해질 정도랄까. 그 사람은 표정과 발걸음부터 다르다. 조선 시대였으면 선비의 발걸음이렸다. 뒷짐만 쥐고 팔자걸음에 한복까지 입었다면 틀림없이 과거 급제한 선비렸다. 그의 일 처리와 대화의 논리는 흔들리지 않는 편안함이다.

그분과 몇 번 이야기해 보면 안다. 삶과 업에서도 기준점의 시작이 '나'에서 시작하는 걸. 본인의 역량을 누구보다 잘 알고 있다. 본인 선에서 할 수 있는 일, 해야 하는 일의 구분이 확실하다. 그래서 그런지 확실히 눈치를 보지 않는다. 일이 잘못되면 쉽게 인정한다. 사과한다. 또 본인 역량에서 해결할 수 있는 선까지 힘을 보탠다. 살짝 편견 아닌 편견으로 개인주의일 줄 알았던 사람인데 업에 있어선 공리주의에 가깝다.

"다 잘되자고 하는 건데요 뭘~."

결국 지향점 차이이지 않을까. 인생의 목표가 무엇인지도 큰 영향을 주는 것 같다. 어떤 회사를 가는 게 인생의 목표인 사람의 태도는 대개 조급함에 가까웠다. 우리가 그 회사를 가려고 태어난 건 아니지 않나. 본인이 가장 잘할 수 있는 게 일이라 해도 여전히 일은 취미가 될 수 없고 인생의 목표라 두기엔 왠지 모르게 쓸쓸하다.

여유로웠던 사람은 다 이유가 있었다. 여기 회사가, 또 본인이

하고 있는 일이 궁극적인 목표가 아니었다. 일은 그냥 일. 하고 싶거나 이루고 싶어 하는 게 뚜렷했다. 그렇게 이상적인 게 아니라 꽤 현실적이면서도 취미에서 발현된 멋있는 꿈이었다. 누구도 질투하지 못할 만큼 아니 질투할 이유가 없이 응원해 주고 싶은 꿈. 그러니 일할 때 여유로울 수밖에. 항상 해피 타임일 수밖에.

"러너스 하이에
취합니다."

입추라는 말이 무색하지 않게 후텁지근한 공기는 한발 물러섰다. 엊그제 시즌 오프 할인으로 산 반바지는 어제까지만 해도 잘 산 바지였지만 이제는 몇 번 못 입을 것 같아서 그런지 괜한 소비였단 생각마저 들게 되는 시원함이었다. 출근 룩이 바뀔 정도로 아침 공기가 달라졌다.

퇴근 후에 할 일 없을 땐 괜히 보내기 아쉬운 날씨. 그럴 때마다 러닝을 한다. 가벼운 옷차림에 워치를 차고 신발만 신으면 끝. 수많은 러닝 메이트가 있는 당현천으로 간다. 러닝 할 때마다 가는 곳이지만 여러 갈림길이 있어 기분에 따라 정할 수 있다. 아무 생각 없이 멍 때리고 싶다면 자전거나 러닝을 자주 했던 눈에 익은 코스를 택한다. 러닝에만 집중하게 되고 평상시 하고 싶었던 사소한 생각들을 자유롭게 펼친다. 힘차게 교차하는 다리와 함께 머릿속도 이 생각 저 생각 징검다리 건너듯 뛰어다닌다.

2차 장마가 시작되기 전. 저녁 약속을 일찍 마무리하고 집에 가던 길이었다. 마침 내일은 연차였고 무언가를 해야 한다는 부담감이 없는 그런 날이었다. 어김없이 러닝을 하러 갔고 이번엔 매번 다녔던 중랑천까지 이어지는 코스 대신 도봉구로 가는 곳으로 방향을 돌렸다. 왼쪽 시야에

는 가로등 불빛이 반사되어 일렁이는 검은 하천이 보였고 오른쪽
엔 언제 어디서 너구리가 튀어나올 것 같은 우거진 풀숲과 농구장,
테니스장, 벤치의 연속이었다.

마주 오는 러너와 서로 앞다투어 달리는 사람들. 이 늦은 시간
에도 운동하고 있는 사람들과 마주하면서 문득 '생기'라는 감정이
떠올랐다. 갈증을 느끼는 눈빛에서 초롱초롱함을 띤 눈이 되기까
지. 드문드문 찾아오는 생기라는 것을 생뚱맞게 러닝을 하면서 맞
이했다. 심리적으로 여유로울 때 찾아온 살아 있다는 생각. 번뜩이
는 눈빛을 장착한 채 호흡을 유지하고 러닝을 이어 갔다.

러너스 하이. 내게 그 순간이 오는 타이밍은 이렇다.

'조금만 보폭을 넓혀 볼까?'

'들숨을 조금 더 깊게 들이마셔 볼까?'

'앞사람을 추월할까?'

이런 고민거리가 없을 때. 자율 주행 모드를 켠 듯 일정한 속도
를 유지하는 그 순간에 생기가 찾아온다. 누가 등 뒤에서 밀어 주고
있나 싶을 정도로 저항감 없이 앞으로 나간다. 몇 킬로미터라도 계
속 갈 수 있겠다는 체력의 뽕이 차오른다.

개인마다 다르겠지만 초보 러너인 난 러너스 하이 지속 시간이
길진 않다. 1킬로미터 때 두각을 드러낸 생기는 3킬로미터가 가까
워질 때 바닥을 친다. 그때 반환점을 돌며 집으로 복귀하는데 더 이
상 뛸 수 있을까란 걱정을 기반한 러닝이 시작되고 떨리는 다리를
부여잡고 러덜러덜 집으로 들어간다.

그 와중에 나를 반기는 편의점 간판들의 유혹을 이겨내고 집에

서 물 한잔 들이켤 때는 달리진 않지만 2차 러너스 하이를 마주한다. 목젖을 타고 몸속으로 달려가는 이 미네랄들. 좌악 흡수되면서 내 안에 숨어 있던 생기로움을 표출한다.

　"뭐니 뭐니 해도 세상에서 가장 맛있는 게 물이지."
　맹물마저도 세상에서 가장 맛있는 음식으로 포장해 버리는 이 마인드. 러닝의 온점을 찍는 물을 마시며 러너스 하이에 거하게 취한다.

**"외곽에 있는
뮤지엄에
갑니다."**

오랜만에 운전해야 하는 날이 생겼다. 또 주말 출근 덕에 생긴 대휴를 써야 하는 날까지. 금요일에 시원하게 대휴를 쓴다고 팀장님께 고지는 해 두었고, 이번 주말만큼은 서울을 벗어나자 다짐했다. 마침 단풍이 우수수 떨어질 기미가 보였다. 단풍 구경도 하면서 서울에서는 할 수 없는 그런 놀이가 필요했다. 이럴 땐 인스타의 도움을 얻는다. '단풍 구경하러 가기 좋은 곳' 또는 '지금 시기에 가 볼 만한 곳' 이런 식의 섬네일을 찾아 무한 스크롤링 시작.

그 결과 '뮤지엄 산'이라는 참신한 콘텐츠가 생겨 버렸다. 전시회인데, 무려 건축가가 안도 타다오인 곳. 강원도 원주 쪽에 위치해 있어 그리 멀지도 않다. 이리 완벽한 단풍 구경 코스가 어디 있을까. 심지어 뮤지엄 산의 컨셉이자 슬로건은 'Disconnect to Connect'라고 한다. 휴식을 테마로 하고 있는 이곳은 무한 휴가가 필요한 나 같은 직장인들에게 매력적일 것이란 직감이 들었다. 또 단풍은 금세 지나가지 않나. 한낮 지나가는 바람에 우후죽순 떨어지는 낙엽을 보기보단 적당히 붉은 생기를 머금고 있는, 살아 있는 단풍을 보고 싶었으므로 고민 없이 행선지를 정할 수 있었다.

뮤지엄 산에 도착했다. 명상 프로그램까지 참여할까 고민하다 '제임스 터렐관' 전시만 추가하기로. 공간은 시멘트로 둘러싸여 있다. 좌우는 막혀 있었고 미로에 온 것 같은 기분이 들었다. 타다오는 우리에게 넓은 공간을 체험할 수 있게 설계한 듯했지만 동시에 단절을 지향하라는 미션을 주고 있는 듯했다.

야외에도 잘 찾아보면 구경할 게 많다. 다만 호기심을 갖지 않으면 무심코 지나가는 곳들 투성이다. '저 외딴 문은 뭐지?'란 생각으로 가 본 곳은 텅 빈 네모난 공간이었고 하늘에 열십자 모양의 구멍만 뚫려 있었다. 그 구멍에 햇빛이 내리쬐면 어두컴컴한 네모 공간은 핀 라이트와 같은 빛의 조명이 더더욱 선명해 보였다. 이러한 공간은 입구 초입에 있는데 벌써부터 단절되고 싶다는 이상한 기대감을 증폭시켜 준다.

그 자체로 설치 전시물 같던 건물에 감탄하며 지나가고 있을 때 추가로 신청한 제임스 터렐관 전시 시간이 다가왔다. 사실 이분이 누군지 찾아보진 않았다. 막상 원주까지 왔는데 명상도 안 하고 건물과 단풍만 구경하긴 아까워 신청한 게 크다. 하지만 기대를 하지 않아서 그런지 근래 인상 깊은 체험 전시로 선정해 버렸다.

안내해 주는 분은 우리를 벽면 사각지대에 나란히 앉혔다. 네모난 프레임은 벽인 줄 알았지만 알고 보니 하늘이었고, 조명인 줄 알았던 흰색은 낭떠러지였다. 빛과 조명으로 만들어 낸 착시는 내면의 무의식에 공포감을 안겨 주었고, 어쩌면 지금까지 공감하지 못하고 있었던 죽음이란 단절 그 자체를 조금이라도 체화하고 있다는 착시를 안겨 준 전시였다.

차를 운전할 수 있다면, 아니 강원도 원주에 갈 일이 있다면, 또는 언젠간 올 단풍을 전시회와 함께 즐기고 싶다면 뮤지엄 산을 가보는 걸 추천한다. 우리에겐 자극적인 도파민을 단절시키고 내면과의 소통을 연결해 보는 시간도 필요하니까.

（＋）

**"해 보지 않은
경험을 합니다."**

유럽 여행

개인 사업

청혼과 이혼

유혈의 다툼

취미의 부업화

유창한 대화(영어로)

울면서 밥 먹기(?)

…

'아직'이란 수식어가 먼저 떠오른다. 아직 저 단어에 기댈 수 있는 나이, 서른이다. 불행인지 다행인지 앞으로 해야 할 게, 할 수 있는 게, 하고 싶은 게 여럿 있다. 날이 갈수록 소거되는 위시 리스트엔 공백이 없다. 흰 공백을 마주하기엔 '아직' 겁이 난다. 하고 싶은 게 없는 건 솔직한 심경일 수도 있지만, 어쩌면 삶에 의욕이 없다는 오해를 불러일으키기 쉽다.

위시 리스트는 속마음 말풍선의 형태. 할 말이 많아 보이는 사람은 이미 그득한 눈동자가 말을 대신해 주고 있다.

'나한테 취미를 물어봐 줘.'

'내가 내일 뭐 할지 궁금하지 않니?'

속마음을 간파한 듯 톡톡 화두를 던진다. 금

세 화르르 타오를 준비가 된 화로에 산소를 후우 분다. 덕분에 리액션만 하면 적어도 5분간 우리의 대화는 유려하게 흘러간다. 다가올 침묵이 걱정됐던 나도, 대화가 고팠던 너도 속이 풀릴 테니까.

대화의 소재로 희생되었던 우리 둘 사이 징검다리. 차가운 물살이 내 옆구리를 가로지르고, 원치 않던 신발 밑동에 잔해물이 묻더라도 그만큼의 가치가 있다. 서로 다른 취미, 이해할 수 없는 상대의 마음, 동시에 모를 수밖에 없는 성취. 한 편의 구전 에세이나 다름없다. 더군다나 중간중간 추임새를 곁드는 사람과 함께라면 더욱 생경하게 전해진다. 그러다가 궁금해진다. 타인의 경험이 내 것이 된다면 어떨까. 한 번도 못 해 본 게 있단 걸 알게 된 순간, 그 대상은 언젠간 할 수 있는 그 무엇이 된다. '모르는데 어떻게 해요'는 이제부터 핑계일 뿐. 자의든 타의든 알게 되었고, 이젠 시간과 흥미의 문제다.

서두에 무분별하게 나열한 '한 번도 못 해 본 경험'도 친히 내게 다가와 줬다. 대화든 책이든 콘텐츠든 한 번 더 눈길이 간 소재일 테다. 구체적으로 콕 찍어 나만의 욕심을 드러낸 것부터 내가 할 수 있을까란 생각이 기저에 깔려 있지만 나를 내려놓아야만 하는 감성까지.

리스트의 목적은 하나로 귀결된다. 해방감. 무슨 이유가 되었든 못 해 본 걸 해 보고 싶다는 그 욕망 비스름한 해방. 꾹꾹 응축된 감정과 욕심을 한 방에 터뜨리고 싶다는 소망. 토요일마다 로또 1등이 되는 상상을 하면 따라오는 생각과 비슷한 결이다. 갑자기 20억이 생긴다면, 다 써야 한다면 무엇을 살까. 건물, 차, 옷, 가전제품….

쏟아져 내리는 속세처럼 누군가와의 위시 리스트에 대해 이야기하는 시간만큼은 줄줄이 욕망의 마음을 연다. 이로써 작은 해방감도 느끼게 되며 저절로 가까운 내일의 계획도 생긴다. 한 번도 못해 본 것을 상상으로나마 해볼 수 있게 된다. 중요한 경기에 출전하기 전 수많은 이미지 트레이닝을 한다는 선수처럼, 머릿속으로나마 이리저리 내 맘대로 경험해 본다.

"일단 멈추고, 명랑해 보려 합니다."

"명랑하게 살아라. 인간은 다 죽는다."

니체의 어록이란다. 철학과 출신이지만, 니체 사상을 배운 적이 없다. 학부 시절 때보다 오히려 졸업하고 더 친숙해진 철학자다. 대한민국에서 마흔 살을 마주한 분들이 줄곧 니체를 찾고 있었고, 가끔 명언 한 문장을 포스팅 하는 게시글에서도 자주 모습을 보인다.

연차를 쓰고 집에서 빈둥빈둥 쉬고 있는 지금도 '명랑'하게 살라고 조언해 주기까지. 맞는 말이다. 요즘 부쩍 필요한 단어긴 했다. 명랑함을 품은 눈동자를 갖고 있다고 자각을 한 지는 오래 전. 몇 안 되는 명랑함을 잃지 않기 위해 뜬금없게도 목요일에 연차를 써 버렸다. 다음 주 월요일은 대체 휴일이라서 금요일에 연차를 쓴다면 푹 쉴 수 있다는 건 잘 알고 있었다. 일단 멈추고 싶었고, 그래야 행복할 수 있을 것 같았다.

금요일의 희생 덕분에 오늘만큼은 명랑할 수 있었다. 아침 9시에 리듬을 탈 수 있었다. 최근에 겟한 켄드릭 라마 〈GNX〉 바이닐을 턴테이블에 넣고 스피커 볼륨을 평소 듣던 게이지보다 두 단계 올렸다. 무슨 메시지를 던지고 있는지는 모르겠지만 저절로 고개를 끄덕이게 된다. 니체도 이 모습을 보면 분명 흡족해할 만큼 오늘은 명랑하게 보냈다고 자부할 수 있다.

우리는 혈관 속에 리듬감을 품고 있다. 떨리는 심장 소리뿐만 아니라, 음악을 들으면 움찔할 수 있는 감정. 퇴근 시간이 되면 엉덩이가 들썩거린 적 있지 않나. 아무리 숨을 멈춰도 요동치는 심장 박동 소리는 감출 수 없다. 오히려 더 커질 뿐이다. 하지만 몸속의 리듬감만큼은 스피커 볼륨처럼 조절할 수 있다. 어릴 때는 항상 볼륨이 맥스였다. 소소한 웃음거리에 몸서리칠 만큼 기뻐했고 슬프지 않은 슬픔도 땅이 꺼져라 울었다. 감정에 이성이 지배된 것이고 그만큼 투명했었다.

지금은 그럴 순 없다. 적어도 친한 친구 앞에선 눈치 보지 않고 맘껏 드러낼 순 있지만 사회에서 만난 분들과 있을 땐 〈나는 솔로〉 24기 영식처럼 감정에 솔직해지긴 쉽지 않다. 문득 내가 감정에 충실한 사람이었으면 어땠을까 싶다. 상대가 표정을 읽기도 전에 친절히 나만의 감정을 전해 주는 사람이었다면, 내 속만큼은 근심, 걱정 하나도 없으니 명랑함을 유지할 수 있었을까. 흠…, 잘 모르겠다. 고요한 지하철에서 노이즈 캔슬링 헤드폰을 낀 채 노래를 부르고 있는 모습이 왜 연상되고 있는가.

사실 직장에서까지 명랑하고 싶은 마음이 없는 게 크다. 그저 평온하게, 쌓여 있는 메일을 하나하나 해치우며 퇴근만을 바라보고 있다. 퇴근 시간이 다가올수록 내면의 리듬감은 서서히 예열되고 있다. 그 두근거림이 없다면 어떤 재미로 회사를 다니겠는가. 다시 혀를 끌끌 차시는 니체 선생님….

"죄송합니다. 아직은 명랑할 준비가 안 되었습니다. 조금만 기다려 주세요."

"에피소드를
찾아 떠나
봅니다."

수요일 아침, 지하철을 타고 가다 문득 연차를 쓰고 싶었다. 점심을 먹으며 팀원에게 금요일 연차를 말했고 퇴근할 때쯤 팀장님 결재 완료. 모처럼 퇴근길에 텐션이 확 올라갔다.

'아니, 내일만 출근하면 주말 시작이잖아…!!'

연차가 필요했던 이유는 에피소드를 찾고 싶었기 때문이다. 사회 초년생이던 시절에 비해 확실히 소재가 줄었다. 줄어들고 있음을 알게 된 지표는 친구와의 만남 횟수로 가늠할 수 있다. 서로의 에피소드를 말하기 여념 없었던 사회 초년생의 우리는 일주일에 한 번 만나도 대화의 시간이 모자랐다.

이모가 맛있게 썰어 주는 회보다 더 기대되는 건 친구의 맛있는 회사 썰이었다. 4년이 지났고 일주일에 적어도 한 번은 만났던 친구들과는 한 달에 한 번 정도 만나고 있다. 이젠 만날 때마다 콘텐츠를 구상하곤 한다. 괜스레 안 가 본 동네를 가 보자 하고, 보드게임 카페를 가기도 한다. 대화보단 신선하게 놀아 보기가 목적. 물론 술자리의 대화가 재미없는 건 아니다. 어쩌면 우리에겐 새로운 썰이 필요하다는 시그널일 수 있다. 각자의 친구들을 만날 때 풀 만한 새로운 에피소드가 필요한 시기가 왔다. 그렇게 연차를 맞이한 하루가 시작되었다.

연차를 맛있게 쓰는 나만의 방법이 있는데, 일단 출근 시간과 똑같이 일어나야 한다. 늦잠은 자고 싶지만, 신기하게도 출근 시간에 저절로 눈이 떠진다. 한 번 떠지면 다시 잠들기는 어려워 그냥 일어난다. 처음에는 연차인데 이 시간에 일어나야 하나 싶었지만, 막상 일어나 보면 소파에 앉아 멍 때리거나 음악을 틀고 있는 내 모습이 여유로워 보인다. 동시에 옆에서 분주하게 출근 준비하고 있는 어제의 잔상이 보인다. 그때 비로소 연차의 달콤함이 느껴진다.

'그래, 이 맛이지.'

이런 여유로움을 더욱더 즐기고자 커피는 마시지 않는다. 죽어 있는 낭만을 살리기 위해 마셨던 커피 따윈 지금은 오히려 과다 복용일 테다.

평일을 어떻게 보낼까 고심하다 오늘은 동네 친구를 만나 보고 싶었다. 지하철로 한 정거장 걸리는 곳에 초등학교 동창이 살고 있고, 그 친구는 오랜 기간 공무원을 준비하다 개발자로 전향한 용기 있는 친구다. 오랜만에 점심을 같이 먹고파 카톡을 보냈는데 빠르게 답장이 왔다. 아침 9시 30분. 안 가 봤을 것 같은 식당 두 곳을 보냈다. 한 곳은 이미 가 봤다는 답변에 다른 곳을 가자 했는데 답변이 묘했다. 오타가 가득했고 비몽사몽 그 자체. 잠에서 덜 깼냐며 장난스러운 톡을 보냈고 점심 때 보자고 일단락되었다.

10시 반쯤, 아직 구체적인 만남 시간은 정하진 않기도 했고 날씨가 워낙 좋아 친구 동네까지 걸어갈 생각이었다. 40분이나 걸리기에 출발 시간을 가늠할 겸 슬쩍 전화해 봤다. 몇 번 신호를 보내고 받은 친구의 목소리는 발그레 상기되어 있었다. 아침과 점심 사이에 나올 수 있는 텐션인가 싶었지만, 대화를 이어 나갔다.

내 예상과는 달리 친구는 동네가 아니라 지하철 타고 한 시간이나 걸리는 본가에 있었다. 또 새벽까지 술을 마셨고, 아침에 스타벅스에서 스터디하다 잠시 담배 피울 겸 나와서 전화를 받고 있다고 했다. 띠용. 한 시간 뒤면 11시 반. 점심 먹을 수 있겠냐는 질문에 친구는 곧 출발할 거라 여유 있게 식당에서 12시 20분에 만나자고 했다. 어차피 집에 갈 생각이었다며 너무나 당당하게 점심 약속을 강행했다. 께름칙했지만, 일단 집을 나서기로 했다.

에피소드를 찾기 위해 연차를 쓴 만큼 지하철 대신 긴 산책을 다짐했고 가 보지 않은 골목골목을 눈으로 매만지며 걸었다. 비 오기 전날이라 그런지 화창했고 공기가 선선했다. 거북목 예방 차원 겸 등을 쫘악 폈고, 기지개를 켜듯 고개를 자주 들어 저물기 전 벚꽃을 보았다. 꽤 거리가 멀고 언덕길이었지만, 친구와 만나기로 했던 고기 맛집을 생각하며 걸었다.

원래 좀 지각이 잦은 친구의 특성을 반영해 길을 가다 중고 서점을 들렀다. 먼지 쌓인 바이닐과 책들을 적독해 본다. 오랜만에 맡아 보는 먼지 쌓인 서점의 향이었다.

그렇게 기분 좋게 맛집에 도착했다. 주말 같으면 대기를 해야겠지만, 평일 점심이라 그런지 식당 주인 부부가 식사 중이었다. 대차게 들어온 손님을 맞이하라는 부인의 손짓에 남편이 입을 우물우물거리며 일어났고 자리를 안내해 주었다. 세팅이 금세 되었고, 친구를 기다렸다. 그렇게 약속한 12시 20분이 되었지만 깜깜무소식.

원래 이 친구는 지각이 잦으니까, 릴스를 보면서 기다렸다. 10분이 지났고 전화를 걸었는데… 받지 않았다.

'어…? 변수인데?'

다급하게 어디냐는 톡을 보낸 지 5분 뒤. 친구에게서 연락이 왔다. 아침과는 사뭇 다른 비몽사몽 목소리. 정신을 차리지 못했다. 발음은 뭉개지고 페이스톡은 아니었지만 풀린 눈이 보였다. 어디냐는 물음에 뜬금없이 경마공원이라고 한다. 4호선 종착지를 향해 쿨쿨 잠을 자며 경주마처럼 달려가고 있던 것이다. 역지사지로 어디냐는 친구의 물음에 식당에 있다고 했다. 그러자 자기가 5분 안에 가겠다며 으름장을 낸다. 경마공원에서 낙성대까지 5분이라…, 적토마를 타고 오려나 보다.

사태의 심각성을 인지해서 오늘 점심은 다음을 기약하자 했다. 식당 주인 분께는 죄송하다 머리를 조아리며 다음에 꼭 오겠다는 약속을 했다. 긴 걸음으로 온 낙성대인 만큼 곧바로 집으로 가긴 아쉬워서 서울대입구까지 걸었다. 그새 이것저것 새로운 게 생겼고 확실히 낙성대보단 사람들이 많았다.

그렇게 구경을 마치고 지하철을 타고 집으로 복귀. 점심을 먹고 있는데 친구 놈에게 전화가 왔다. 아침 9시 반, 점심 12시 40분과는 다른 새로운 목소리. 술에 깬 목소리였다. 하루 안에 그렇게 다른 목소리들을 낼 수 있다니. 술의 힘이 참 대단함을 느꼈다.

정신이 돌아온 친구는 연거푸 미안하다 말하며 본인 집으로 와서 점심 먹자고 했다. 이미 밥을 먹었으니 엎드려 뻗치라는 말과 함께 이 에피소드는 향후 지인들 만나면 꼭 말할 것이라고 선포했다.

이렇게 글까지 쓰고 있다. 친구놈이 친히 만들어 준 에피소드부터 저녁 식사권까지. 오늘 연차 나름 보람차다 보람차.

"폭풍전야 후 추상화를 봅니다."

추상화의 시작은 전쟁 직후라고 한다. 참혹한 현실과 이해하기 어려운 상황을 맞닥뜨리며 어찌 그림 그리는 행위에만 집중할 수 있었겠는가. 마땅한 비유는 아닐지 모르지만, 내가 추상화에 관심을 갖게 된 시기도 마치 전쟁 같았던 수험생활이 끝난 직후였다. 벼랑 끝 입시가 끝난 뒤, 마음속 혼란을 정제시켜 줄 사람이 아닌 '무엇'이 필요했다. '아무 생각 하지 않아도 된다'고 말해는 건 "무제無題"라는 이름의 추상화였다.

혹시 전쟁 같은 상황에서 벗어나고 싶은 분이 있다면, 느닷없이 가까운 전시회를 찾아가 보길 바란다. 단, 작가의 의도가 무엇일지 고민하지 말 것. 그저 내 마음이 가는 대로, 직관적으로 즐기기를 추천한다.

몬드리안 양식을 보기만 해도 묘한 안정감이 들었던 열아홉 살의 겨울. 직장인이 된 이후에도 여전히 내 발길을 멈추게 하는 그림은 추상화 계열이다. 왼쪽에서 오른쪽으로, 작가가 그림을 시작하고 끝낸 상황을 상상해 본다. 다시 위쪽에서 아래쪽으로. 멀리서 한 번, 또 거북목을 쭉 활용해 가까이서 한 번 본다. 그다음엔 어떤 소재로 구성됐는지 설명을 읽는다. 설명이라기보다는 작가의 '준비물'에 가까운 글이다. 대부분 작품은 제목이 "무제"인 경우가 많아, 오히려 더 머리를 비우기에 좋았다.

4년 차 직장인이 된 지금, 일은 어느 정도 익숙해졌지만 이 생활 자체가 썩 유쾌하진 않다. 사각형으로만 나열된 빌딩들 사이를 걸어가는 느낌. 건물과 도로, 도로와 건물. 똑같은 상황이 반복된다. 땀이 날 정도로 발을 동동 구르는데, 뒤돌아보면 진전이 없는 듯한 동일한 하루. 이젠 새로움이 필요한 시기다. 직장을 바꾸는 건 부담스러워, 일단 일상 속 작은 변화를 찾게 된다.

그래서 그런지, 요즘은 전시회만으로는 부족해 갤러리를 찾고 있다. 가챠를 하듯 무작정 들어간다. 운이 좋으면, 얼마 전 국제 갤러리에서 수상한 작가의 작품을 만나기도 하고, 전시회에 소개되지 않은 신진 작가의 작품을 먼저 접하기도 한다. 뜬금없지만, 회장님들이 왜 그렇게 그림을 많이 사는지 조금은 알 것 같다. 그들도 지루한 일상을 벗어나 회복하고 싶은 마음이 있는 것이 아닐까.

**"한강 라면
냄새를 맡고
옵니다."**

새로운 것을 얻기 위해 치러야 할 대가는 의외로 계산적이다. 때로는 몇 시간, 어떤 경우엔 몇 달이라는 시간을 들여야 할 때도 있고, 무형의 가치를 배우기 위해 꽤 큰돈을 지불해야 하기도 한다. 이렇게 시간과 돈을 투자한 만큼 얻는 건 분명하다. 그것이 나에게 진짜 필요했던 것인지, 예상만큼 재미있었는지 아닌지를 분명히 알게 된다. 해 보지 않으면 알 수 없는 모든 것들을 알게 되는 셈이다.

새롭게 쉬고 싶다. 단순히 누워 있는 것도, 넷플릭스를 보는 것도, 멍하니 있는 게 아닌 쉼에도 새로운 방식이 있을까? 떠오르는 답은 여행이지만, 그건 너무 뻔하다. 사직은…, 비현실적이다.

문득 자전거 타고 한강을 자주 가던 시절이 떠오른다. 쉬고 싶다는 마음에 무작정 자전거를 끌고 한강까지 갔다. 살짝 한기가 느껴질 정도의 바람이 몸속에 피어난 더위를 식혀 주었다. 강을 따라 달리며 점점 아무 생각이 들지 않을 때, 기분이 미소를 닮아 가고 있음을 느꼈다.

요즘 날씨가 참 기분 좋다. 특히 오후 4시쯤 내리쬐는 햇빛과 선선히 부는 바람이 눈앞에 선명하게 들어온다. 오후 7시가 넘었는데도 여전히 박명이 깔려 있다. 드디어 때가 온 것 같다. 자전거에 쌓인 먼지를 털어 낼 때. 체력이 따라 줄지는 모르겠지만, 이번에도 다시 머나먼 한강까지 가 보려 한다. 지하철 타고 돌아오더라도, 한강 라면 냄새만큼은 꼭 맡고 오자.

눈이 가는 카피 손이 가는 브랜드

카피라이터 3년, 마케터 2년, 광고 같은 기록들

초판 1쇄 인쇄일 2025년 10월 15일
초판 1쇄 발행일 2025년 10월 30일

지은이 김화국

발행인 조윤성

편집 강현호 **디자인** 김영중 **마케팅** 박주미
발행처 ㈜SIGONGSA **주소** 서울시 성동구 광나루로 172 린하우스 4층(우편번호 04791)
대표전화 02-3486-6877 **팩스(주문)** 02-598-4245
홈페이지 www.sigongsa.com / www.sigongjunior.com

글 ⓒ 김화국, 2025

ISBN 979-11-7125-794-2 03320

*SIGONGSA는 시공간을 넘는 무한한 콘텐츠 세상을 만듭니다.
*SIGONGSA는 더 나은 내일을 함께 만들 여러분의 소중한 의견을 기다립니다.
*잘못 만들어진 책은 구입하신 곳에서 바꾸어 드립니다.

WEPUB 원스톱 출판 투고 플랫폼 '위펍' _wepub.kr
위펍은 다양한 콘텐츠 발굴과 확장의 기회를 높여주는
SIGONGSA의 출판IP 투고·매칭 플랫폼입니다.